财富池

吕晓彤 著

民主与建设出版社
·北京·

投资如人生，小胜小败都不重要，拉长时间，拉长周期，活得久才最重要。

目 录

PART 1. 投资思维池

- 002　首先，投资是一门科学
- 007　关于投资，我的一些建议
- 012　投资是一门信仰，你只能信你信的
- 018　亏钱要趁早
- 023　致富没有任何秘密可言
- 030　如何找到自己的投资风格
- 036　最好的投资一定是投资自己
- 042　要寻求让你的财富翻十倍的机会
- 048　月薪两万的普通人怎么做理财
- 055　一定要感受这个世界的美好

PART 2.
理财认知池

- 062 资产永远的三类配置：活期类、固收类、风险类
- 067 始终相信价值
- 074 稀缺产生价值
- 080 做投资和做公司都要想办法穿越周期
- 092 什么叫央行正回购和逆回购
- 098 市场决定一切，Money is OK
- 103 不是所有的房子都适合投资
- 108 饭钱经济学和收藏理论
- 113 要防止财富灭失，而不是关注短暂的收入减少

PART 3. 市场信息池

- 120　为什么不建议盯盘
- 126　不能让数据遮掩自己的双眼
- 131　升准、降准到底是怎么回事
- 136　PMI 指数非常重要
- 142　股市里的情绪反应
- 147　低估值陷阱
- 153　"有效市场假说"和"博傻理论"
- 160　关于上市公司公告的逻辑
- 166　论筑底

173　读懂市场的信号
178　股市本质上是信息战
183　股票涨跌的逻辑
189　看财务报表有没有用

PART 4. 价值判断池

198　换手率和成交量基础小知识
203　任何情况下都不要买黄金白银
209　基金行业的一个重要改变
216　基金为什么"偷吃"净值

223	不能买有清盘线的基金
228	一定要买行业龙头
233	龙头方法论
239	市场里的"聪明钱"
245	消费者心理学在投资中的应用
250	消费品是压舱石
255	影响A股的六大因素
263	真正的短线
268	实地调研新能源电池产业链后的反思
273	定价权非常非常重要
281	什么是利好,什么是利空,什么叫预判
286	跌到一定程度的时候,任何利好都是重大利好
290	如何在大跌的时候保持好的心态
294	永远思考赔率

PART 1.

投资思维池

投资本质上还是一门科学，
有系统的分析和判断的方法，
而不是单纯的碰运气。

首先，投资是一门科学

投资，指"国家或企业，以及个人，为了特定目的，与对方签订协议，输送资金，实现互惠互利，促进社会发展的过程。又是特定经济主体为了在未来可预见的时期内获得收益或是实现资金增值，在一定时期内向一定领域投放足够数额的资金或实物的货币等价物的经济行为"。严格来说，投资是一门科学，但实际上更多的人往往是通过情绪面的判断，去决定投资的方向和行为。

1. 情绪面的判断，往往偏离事实

在我们的传统认知当中，物极必反，否极泰来，是事物发展的必然规律。就好比一只股票，去年一直在跌，那么今年必然会涨。在投资的场景下，这种情绪化的语言，大多数时候是无益于做出判断的。

比如 2022 年的某天，盘前中概股又在暴跌。从情绪面来判断，中概股已经连续跌了很长时间，应该要迎来反弹了，所以现在正好是抄底的好机会。但事实上，当天开盘之后，中概股迎来了新一轮的暴跌。

当我们把这种情绪化的思考方式写在纸面上的时候，很多人都能看出问题，但在现实当中，依然有不少人凭借这种情绪化的思考做出选择。这其实就是一种潜意识当中的认知陷阱。大多数人不了解投资，不了解股票，只是凭着一腔热情就满怀期望地投身股市，自然也没有办法从科学的角度去进行研究和判断。而缺少了科学的指导，人们常常容易被潜意识中的情绪化思考方式所主导。

2. 用科学的方式去解读情绪面

情绪面的判断更像是一种赌博，运气好赌对了，我们就可以得到足够的回报。但俗话说得好，"十赌九输"，如果投资总是依靠运气的话，那么绝大多数的投资人和投资机构，最终都会走向破产。之所以没有出现这样的情况，是**因为投资本质上还是一门科学，有系统的分析和判断的方法，而不是单纯的碰运气。**

还是以中概股为例，其实在当天中概股盘前暴跌的时候，就有人提出了报复性反弹的可能。但我一直坚持强调现在并不是抄底中概股的好时机，因为它后续还会继续暴跌。我之所以做出这样的判断，是有科学依据的。

中概股暴跌的背后，有很多消极因素的驱动，比如政策面的不友好，以及滴滴退市所带来的负面影响等。所有的对冲基金都在等滴滴的退市方案，国际上的资金也因为滴滴退市的影响，而放弃了中概股。在这种情况下中概股自然无法反弹上涨。而当天中概股的继续暴跌，也验证了我的判断。

当然，情绪面的判断也有其自身的价值。通常情况下，市场情绪非常糟糕的时候，市场下行的概率也会相应提升；而市场情绪高涨的时候，指数往往高开高走。这种情绪面的判断可以帮助我们更加精细地对投资行为做出研判，但我们要做的是在科学分析的基础上，再去判断情绪面，而不是什么都不讨论，只讨论情绪面。

在以情绪面判断为主导的投资行为中，人们总是期望找到完美的左侧交易（股价下跌时，投资者在股价下跌至最低点前买入股票；股价上升时，投资者在股价上升至最高点前卖出股票）。但从科学分析的角度来说，我其实不建议大家在左侧（左侧交易）抄来抄去，因为潜在的风险和不确定性因素太多。

历史上，凡是风声鹤唳的时候，常常会召开一个摸头会议，或者叫鼓励会议，从正面或侧面释放一些利好的信息。当摸头会议释放了一些信号之后，选择右侧交易（股价下跌到最低点后，股价开始上涨时再买入股票；股价上升至最高点后，股价开始下降时再卖出股票）往往能够更好地规避风险。

当然，右侧交易也同样存在一定的风险，相比之下，还有一种更加科学的投资方式，那就是把握住长期走牛的趋势。

以虚拟人为代表的"元宇宙"、农业现代化以及数字人民币这三个板块，无论从市场还是从政策的角度来分析，未来的大趋势都是利好的。投资大趋势，是最省心的选择。

除了这些长期上涨的板块以外，一些基础设施的相关产业，比如港口、公路等，在政策的影响下也有极大的发展空间。总而言之，我们还是要通过科学的分析，把握住一些大趋势，这样就不用每天提心吊胆了。

投资是一门复杂的学问，但首先投资是一门科学。我们要用做学问、做研究的态度去看待投资，用缜密的思考、系统的调研、理性的分析来指导投资行为，而不是被情绪掌控，用情绪面去赌市场的走势。

关于投资，我的一些建议

在很多人看来，投资市场千变万化、很可怕，就像波涛汹涌的大海，一个浪过来就能把船打翻。真的是这样吗？这种观点也没错，投资的确可以让人赚钱，也能让人亏损。但实际上，投资也并没有那么可怕，即便今天出现了亏损，只要懂得总结经验、吸取教训，明天就可能止亏为盈。

盈利与亏损总是反反复复，而投资是一辈子的事，我们要做的就是活下去，活下去才有机会。

1. 做能力范围内的事

每个人的承受能力都是有上限的，千万不能做自己承受不了的事情。一旦超出自己的能力范围，事情就会失控。

在投资市场，我真诚地奉劝大家，不要融资加杠杆。一旦使用杠杆，就会面临巨大的心理压力和操作难度，极大概率会爆仓。一旦爆仓，未来哪怕有机会，你也没办法把握。

除了融资杠杆，最好也不要向银行贷款，不要找借亲戚朋友借钱，更不能透支信用卡，这些都是投资红线。碰触红线，后果非常严重。

2022年11月，云蒙基金创始人云蒙自曝云蒙基金亏损超过60%。在此之前，云蒙曾以"捂盘招商银行，7年大赚500万元"而被投资者熟知。而对于2022年11月的这次亏损，云蒙说主要是自己加的杠杆太高所致。

据悉，云蒙基金共有40多位投资人，其中一半左右为云蒙现实生活中的亲朋好友，他们的基金份额占比超过40%。

造成这种惨烈的后果，就是因为云蒙太过自信，轻视了杠杆的毁灭程度。在金融市场上，由于盲目加杠杆，最终爆仓的案例数不胜数。基金创始人加杠杆后尚且如此，经验较少的投资者自然更要加以警惕。

2. 始终保留一半资金

投资者要时刻谨记一点，那就是操作股票要留一半资金，只买半仓，这保留的一半资金就是给自己留的机会。有本钱，就有底气，有底气才能对抗市场。正所谓，手有余粮，心里不慌。不要小看这种做法，如果能做到，就跑赢了市场上 95% 的投资者。

投资市场少有常青树，曾经的业绩再辉煌，都有可能瞬间被打倒。不留些本钱，未来怎么翻身？巴菲特的做法很值得借鉴：永不满仓，手握现金，等待机会。

为什么很多人把握不住机会？因为他们在胡乱折腾中把本钱赔掉了，当真正的机会出现时，已经没有资金去抄底。

3. 保持良好的心态

为什么市场大跌时，有人会惶恐不安？为什么市场仅有一丝波动，有人就忧心难过？有一句话说得好：一个人能够控制自己，安安静静地坐在椅子上不乱动，就会避免很多的悲剧。

所以，对于很多投资者来说，盲目操作无益于成功，在投资市场，要做的就是保持耐心。或许有人会说："不操作就赚不到钱。"可是，操作了就会赚到钱吗？当然不是。

人生就像是一场马拉松，不要在意一时之得失，最重要的是长时间的坚持。耐心不仅仅是等待机会，还包括动手实践。比如，有没有认真地阅读上市公司的财务报表，有没有认真地看券商研报，有没有认真地搜集公司发展情况相关的新闻，等等。

除了耐心，还要戒骄戒躁。如果已经赚到了钱，不要得意，**赢一次不代表能赢一辈子**。

即便暂时不太顺利，也不用过于着急。假如你现在只有三四十岁，按照经济周期来说，还能经历四五轮大行情，所以盈利的机会依然存在。

4. 顺势而为

时来天地皆同力，运去英雄不自由。没有时势，即使英雄也会受到限制，壮志难酬。市场起起伏伏，不会一直涨，也不会一直跌，它只会按自己的周期运行。没有哪个公司或哪个人能对抗市场周期,要想盈利,只能跟着市场的规律走。

无论把企业做到多大规模,哪怕是行业龙头,逆势而行大概率也会招致失败。所以,在投资市场上要做的就是,认清自己,不骄傲自大,也不妄自菲薄,保重身体,吃好、多睡、少熬夜。市场有机会就参与,没机会就放弃,不要勉强自己。

投资是一门信仰，你只能信你信的

投资非常重要的一点，是要有一种坚定的信念。这种信念是一种内心深处确信无疑、不惜一切代价都要坚守和执行的意志。

为何信念如此重要？市场每天都会出现很多信息，有好有坏，有真有假，甚至有的互相矛盾。这种情况下，很多投资者都会变得犹豫不决、风声鹤唳，结果仓位换来换去，该进场时不进场，该离场时不离场，该止损时不止损，最后导致自己被套牢。

一个容易动摇的投资者通常会有这样的心态变化：

买进一只股票后，会一直关注它，希望能够天天涨，只要偶尔一两天出现下跌，就会焦虑。一旦连续下跌，就会怀疑自己的判断，并开始抛掉股票。卖出之后，短期内不会再关注这只股票。后期偶然再看到这只股票的时候，如果股票涨了，就会很后悔，心理出现很大的落差；如果股票跌了，则会感到欣慰，庆幸自己当初没有踩雷，避免了亏损。

与其这样纠结，不如不买。为避免这种情况发生，最重要的就是坚守信念，把投资当作信仰，信自己所信，坚持自己的操作准则，不被市场左右。我们不能左右市场，但是可以坚守自己。

通常以下三种情况是信念不坚定的投资者经常犯的错误，要时刻提醒自己加以避免。

追涨 01　　贪便宜 02　　盲从热点 03

1. 追涨

市场一直不乏追涨的投资者，行情一跌便割肉，行情一涨便追击。但这种只追涨的做法，却很容易让投资者被套牢。

2022年，券商板块出现了一波大涨行情，很多券商股涨势喜人，光大证券便是其中之一。有一部分投资者看到光大证券大涨后非常兴奋，便想抓住这一波行情，哪怕涨停了仍奋不顾身，坚持购买。盲目追涨，等于忘记自己的操作准则，最后自然没能躲过被套牢的结果。

如果理智一些，在投资前认真查看和研究一下光大证券的新闻消息，即便是看一看光大证券龙虎榜，也很容易发现购买光大证券的资金里面有很多游资。另外还有一点，那就是当时光大证券没有任何利好信息。

追涨之后被套，然后割肉，很多投资者的资金就是这样一次次被吞噬的。

2. 贪便宜

投资房产有一个基本原则，那就是尽量选择优质开发商开发的城市核心地段的房子。相比之下，那些地处偏远、开发商口碑不是很好的房子，就算价格优惠也不要投资。投资股票同样如此，一定要选择那些业绩优秀、垄断、有核心竞争力的公司。

比如，茅台的股价很长一段时间都在 1000～2627.88 元（历史最高股价）之间徘徊。虽然非常高，却比 99% 的公司更值得长期投资。

面对茅台这样的优质股票，即便是在高位时买进，比如超过 1000 元的时候，仍然有盈利空间，如果能够长期持有，财富更是会翻倍。而那些业绩一般、没有实质利好消息的公司的股票，哪怕股价只有几元，甚至更低，也尽量不要参与。

2022 年 6 月，中信建投发布了一份报告，内容是主要保险公司的 PEV 处在低位。P 是股价，EV 是股票的内在价值，PEV 是有效业务价值，PEV 低就表示公司的价值被低估。所以，中信建投认为主要保险公司被全面低估。

但是，根据有效市场假说，如果一个公司的市值被长期低估，一定有其道理。真正的价值投资并不意味着长期投资，买低估值公司也不是价值投资。

这时候，如果有投资者信念不坚定，想贪便宜，认为保险公司的股价低，可以买进，却忽略了它们的业绩状况，就有可能亏损。

3. 盲从热点

很多投资者经常向我诉苦："为什么我买进的时候就会跌，卖出之后又会涨？"我告诉他们，这基本上都是盲目跟风造成的，别人买你跟着买，别人卖了你被套。

很多投资者看到市场有热点，便会两眼放光，恨不得马上买进，生怕晚一点就错过机会。对于进场前应该看K线图、看新闻消息、看财务报表、看市场大环境这些事，通通忘得一干二净。

2022年6月17日，"福建舰"航空母舰正式下水，有一些投资者便认为这个消息一定会刺激军工板块，我却认为未必会如此。我曾经投过一家军工信息化公司，也获得了丰厚的回报。但是，军工行业并非持久的热点。

但是，很多投资者并不懂得这个道理，认为有热点不追，便是吃亏，结果往往是搬起石头砸了自己的脚。

投资股票，应该有自己的操作准则和规律并坚持下来，切忌见异思迁。投资是一场修行，要想做好，不仅要有过硬的分析能力，更要有坚定的意志。

亏钱要趁早

在投资圈,有一种约定俗成的投资观叫"亏钱要趁早",很多人不太理解这个观点的意思。其实道理很简单,**随着人的成长和积累,手中能够支配的本金越来越多,而当你投入了大量本金之后,一旦亏损就会难以翻身。**

美国著名经济学家费雪在1929年预见了股市泡沫破灭的风险,但抱着侥幸的心理,还是买入了自认为价格便宜的股票,结果几天之中就损失了几百万美元,全部积蓄消耗一空,其中还包括一些亲人、朋友的积蓄。这次亏损使得费雪直接破产,还欠下了不少债务。

同样受到1929年股市泡沫破灭影响的,还有英国著名证券分析师,被誉为"证券分析之父"的格雷厄姆。股市泡沫破灭之后,到1930年,格雷厄姆的资产已经亏损20%,但他盲目地认为股市会回归正常，于是在 1931 年选择增加杠杆抄底股市。最终，格雷厄姆由于对时局的误判，亏损超过 70%，濒临破产。

从某种角度来说，**"亏钱要趁早"其实也意味着"投资要趁早"**。35 岁之前的年轻人，能够支配的资金有限，即便是亏损，也在可承受的范围内。但年轻人的问题是，注意力难以集中，容易因为副业荒废主业。所以，对于现在的年轻人，我有两个建议。

1. 进行长期投资，学习投资的方法论

如果不进行长期投资，而是以短期为主，那么就意味着人们需要花费大量的时间和精力长期盯盘。长此以往，即便本身具备投资方面的聪明才智，自身的主要工作也往往会被荒废，同时有限的本金能够带来的收益也相对有限。一番努力下来，最终也只是竹篮打水一场空。有才能的人尚且如此，更不用说在投资方面缺少天赋的人了。

在我看来，年轻人需要尝试去进行投资，但不用把赚钱

作为主要的目的。相反，年轻人应该更多地去了解不同的投资知识和方法论，感受牛熊交替，积累一定的经验，哪怕是失败的教训。未来当年轻人掌握更多本金的时候，这些方法和经验会成为投资成功最有力的保障。

2. 深耕自己的主业，尝试更多的事物

即便是天赋异禀的投资天才，在本金有限的情况下，也只能获取非常有限的收益。对于年轻人来说，最主要的收入还是来自主业。我们之所以强调年轻人要进行长期投资，也是为了让大家可以把主要的时间和精力用在深耕自己的主业上。

而在闲暇的时间里，除了长期投资以外，我还建议年轻人多去接触、尝试更多的事物。因为随着年龄的增长，即便我们有了足够的购买力，面对过去想要但没有得到的东西时，也会失去欲望。这样一来，我们实际上错失了很多经历和乐趣。**人这一生所追求的终极奥义无非幸福和快乐，年轻人就应该去接触、尝试更多的事物，感受世界的乐趣，体会时代的变化。** 而在接触这些事物的过程中，我们也能体会到某个行业或者品类的进步与迭代，这些体验对于未来的投资有极大的帮助。

比如，扎克伯格曾经说过："我们今天被视为一家社交媒体公司，而'元宇宙'是下一个前沿领域，就像我们公司刚刚起步时，社交网络被视为未来发展的重要领域一样。"他之所以会大力投资"元宇宙"相关产业，就是因为过去在社交媒体网络方面的深耕，让他意识到"元宇宙"会是社交媒体平台的升级形态。

总而言之，年轻人还是要把主要的时间和精力放在主业上，至于投资，更多的是尝试和学习，掌握正确的投资方法论。真正需要把投资看作一项重要的工作，并加倍努力去学习的，是那些35岁以上的中年人。

人到中年，基本已经摸到了自己职业生涯的天花板，未来只剩下下坡路。这个时候如果不去思考如何进行投资，财富自由的目标将会难以实现。**所谓财富自由，指的是被动收入大于主动收入，说得具体一些，就是稳定的投资收益应该大于工资的收益**。在这种情况下，即便我们不再去出卖劳动力，依然可以凭借投资收益掌控自己的命运，这也是投资的意义所在。但是在现实当中，很多人并不理解投资的重要性。

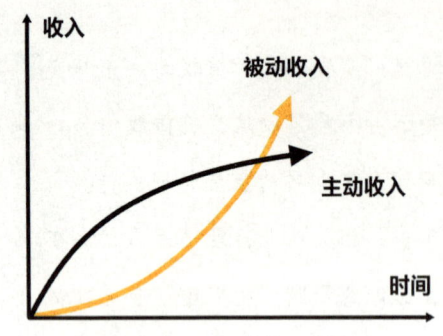

被动收入与主动收入的关系

赚钱的两个维度：主动收入＋被动收入。
步骤：积累本金→增加主动收入→转化为被动收入→二者相辅相成→形成赚钱体系。
前半场"人生钱"，以加法为主力；后半场"钱生钱"，以乘法为核心。

有些人，资产已经达到一千万，但还是只会拿出二三十万进行投资，美其名曰"风险控制"。在我看来，这种投资是没有太大意义的，因为这个时候人要对自己的整个资产负责，而不是小赌怡情、浅尝辄止。

35岁以上的人，不仅面临职业生涯走向下坡路的窘境，同样也面临家庭的巨大压力。为了扛起家庭的责任，为了下一代可以接受更好的教育，为了更高质量的生活，我们有必要去思考如何正确地进行投资，如何合理地配置自己的资产。

亏钱要趁早，赚钱也要趁早。投资是一项复杂的事业，年轻人吃一些亏，可以学到很多的经验和教训；人到中年之后早早布局，也能更早地进入状态，早日实现财富自由。

致富没有任何秘密可言

致富没有任何秘密可言，每个人都看得见、听得到，也学得会、做得好。

这世界上可能只有一个马斯克，但有无数个马克·扎克伯格。天赋异禀的是少数，他们会以你难以想象的方式赚钱赚到手软，但大多数人都是以大家可以理解、可以尝试的方式来赚钱。淘宝其实就是模仿了 eBay 的模式，并加入了创新元素，最后成为超越 eBay 的存在，成为世界级企业。

怎么理解致富没有秘密可言呢？我从以下几点来给大家做一个分析。

1. 什么叫富

10万可以称之为富吗？有人说，现在10万还叫钱吗？我认为1万都可以称之为富，这倒不是要大家缩小格局。一方面，财富自由对不同的人来说，标准不同，这取决于人的生活状态和追求。另一方面，如果1万只是消耗资金，它不能给人带来富足的生活，也就不能称之为富；但如果1万能做"老鼠拉木锨"的事，能让我们获得更好的致富渠道，那这1万就叫作富。

2. 大多数人的弊病

我前面讲了很多致富的方法，简单好学，比如向上社交、认识靠谱儿的人、让自己成为学习型人才、多学技能……这都是看得见、听得到，也学得会、做得好的方法。只要你去看身边那些逐渐脱颖而出的人，看大V、大佬们的传记或者访谈，你也能总结出这些方法。只要你按照这样的方法去做，那你就会逐渐富裕起来。那为什么有很多人还是觉得自己穷呢？

（1）闭塞视听

"穷"最初不是指没钱，而是困窘的意思，称被困在某个地方为穷。当代很多人之所以穷，就是因为闭塞视听，把自己困住了。我前面一节讲了年轻人要出去消费，就是告诉大家，先要不受困，然后才能摆脱穷。不受困了，思维才能开阔起来，见得多了，听得多了，赚钱的点子也就多了。

举个简单的例子，春节期间很多地方都会放烟花。就有一些人将烟花摆成"穷"字，或者在飞天的烟花上绑上一张纸，写上"穷"字，企图一放了之。穷走了，富也就来了。如果这只是一个想法，那也就是一个欲念，能不能致富，可能还得祈求财神爷。但如果做成了视频，甚至是搞笑视频，那结果就完全不一样了。首先，很多平台鼓励上传生活视频，春节期间的生活视频都有抽奖红包。当然红包金额都不会太大。其次，做成搞笑视频，会产生流量。比如，摆成"穷"字的鞭炮一个都不响，绑着"穷"字纸条的鞭炮飞上天了，纸却又滑落下来。这种视频会引来大量的关注，引发很多人的共情。一些短视频平台也的确能见到这样的内容，大多点赞量都很高。顺势做下去，很可能给人打开一个新的世界。

有一句老生常谈的话叫"互联网让世界变成平的"。哪怕你住在山村小镇，或者生活在海角天涯，只要睁开眼睛、打开耳朵，你就能看到各种致富的方法，听到各种致富的途径。有的人一边哭穷，一边不愿意去关注如何致富，那又如何能富起来呢？

（2）懒

有一段时间，经常会出现这样的新闻：摊煎饼的大妈月入10万元、跑外卖的小哥月入9万元、整理收纳师年入100万元……很多技术含量不高的职业，也能给人带来致富的机会。只是大多数人太懒，不愿意去做。即使愿意去做，也没有工作热情，中规中矩地完成任务，没有开发的心，也没有明察的眼，业绩不突出，就只能赚个不死不活的钱。

（3）放不下，想不开

就以向上社交为例，就有很多人认为这不就是古典话本里说的巴结吗？于是一边抱怨怀才不遇，一边自命清高。我就不明白了，你是从哪儿判断你怀上了才呢？这个年代，但凡有才，都能有遇。就连村头大妈讲个笑话都能讲出一个致富的机遇来，你困于自我，如何能成才，又如何有遇呢？"怀才"不过是你的自我麻醉,"不遇"则是你的终身伴侣。

我和一个著名的女企业家同在多个企业家群里,很多人以为她的微信号是个假号,因为她经常在群里发送关于企业的信息,其实那就是她本人发的。尽管她已经身价不菲,却一点都不自傲,特别能放得下,把握所有可以为自己代言推广的机会。另外还有一个老企业家,在创业路上品尝过低谷的艰辛,也经历过巅峰的荣耀,在快要退休的年龄,依然在群里做直播,只要有人询问,就一点点给人解读,非常耐心,非常细心。我在直播间就和我的粉丝说,他们这样的人都能放得下,别人还有什么放不下的呢?

你想求一个大千世界,就要让自己八面通透;你想求一个孤芳自赏,那你就只能坐井观天。这就是因果,我们都活在自己的因果里。

3. 致富的途径

致富的途径太多太多了,每个投资大师都能给出一条成熟、完整的致富途径。而你需要做的就是看、听、学、做。

关于看和听，平台太多，内容太杂，你需要的是智慧选择。一定要选择有大量牛人背书的人的致富方法。有牛人背书的人，他的经历、背景一定很丰富，他的致富方法也会更实用。

关于学习，这是一个终身话题。活到老，学到老，才能青春不老，因为你不会被时代抛弃。

我在直播间讲过这样的方法：现在是全民创作时代，抖音、快手、视频号等内容平台以一种非常独特的方式，一视同仁地给了所有人致富的机会。这已经成为一个趋势，是一个朝阳行业。即使你不愿意出镜，也没有策划能力，最差还可以做一个视频剪辑。学剪辑也很方便快捷，全民都能上手，毕竟现在的工具都非常发达了，学得快，一两个星期就能上手。在北京，不需要多高的水平，也能月入8000~10000元。在淘宝上挂一个"视频剪辑"售卖，剪辑一条视频可以收费600~800元不等。

其实在任何时代，以任何资历，只要你肯学，就都有机会。就怕你不愿学、不想学、不会学。

看、听、学都完成了，接下来就是做了。很多事情看着简单,做起来可能会有困难,不过没关系,你可以再把看、听、学来一遍。反正网上到处都有教学的视频,一家不行,可以选择另外一家,直到你能做好,然后还要学到做精。

其实说来说去,致富永远不是有钱人的秘密,它最大的障碍是你没有激情。激情满满,牛粪都有机会变黄金。所以,没喝鸡汤的,快让自己激情起来吧,有那么多黄金白银等着你收割呢。

如何找到自己的投资风格

投资风格是机构或个人在构建投资组合和选择股票的过程中所表现出的理念、操作、风险意识等外部表现的总称。

投资如同踢足球，投资者要踢出自己的风格和风采，踢出自己的策略和信念，这样在市场上，才能更容易取得理想的成绩。投资风格会影响一个投资者的眼光和思维，进而影响投资者自身的投资行动和决定，最后直接影响盈利与否。

初入市场的投资者，对于市场的一切还很陌生，对自身状况也不是很了解，操作经验更是少之又少。在这种情况下，要想逐渐形成自己的投资风格，就需要大量学习，在学习中成长。查理·芒格曾说："最好的学习方法，就是向那些高手学习，先模仿他，最后再试图超越他。"将别人的经验学到手，经过消化后，再结合自身实际情况，就可以快速形成适合自己的投资风格。

投资风格有很多类型，每种类型都各有特点、各有所长，就像武侠小说中的武林秘籍一样，不管你是哪一个门派的，只要精通秘籍就可以成为武林高手。投资风格不分优劣，只要适合自己就好，**没有最好的投资风格，只有最适合自己的投资风格。**

通常，投资风格需要从投资者自身情况、持股时间和盈利目标这三个方面来确定：

○ 自身情况　　○ 持股时间　　○ 盈利目标

1. 自身情况

无论做什么事情，都要从了解自己开始，一名合格的投资者，一定要对自己有一个清晰的定位。在投资之前，要结合自身实际情况和偏好，根据对金融市场的理解程度、风险承受程度、操作水平、盯盘时间长短等因素，给自己做一个精准定位。

为什么很多投资者总是亏损？就是因为他们在做投资之前，没有做好自身定位，没有定位就无法做出有针对性的策略，没有策略就会盲目地乱操作一通，最后亏损。比如，今天做短线，明天就做长线；今天买券商股，明天就买新能源。短线赚钱了不想卖出，原本可以盈利，最后反而亏损；长线亏钱了不舍得止损，最后被套割肉。

有策略之后，还要知道自己在投资市场上的短板，短板直接决定一个投资者能否在投资市场长期生存下去和盈利多少。

在投资市场，一个投资者能够达到的长度和高度，更多由自己的短板决定。投资是对市场认知之后的变现，如果投资者有明显缺点，比如满仓冒进，哪怕赚钱10次，只要有一次亏损，就会满盘皆输。

给自己定位，了解自身的短板之后，就可以根据自身情况开始构建自己的投资风格了。

2. 持股时间

投资风格的一个重要部分就是确定自己更适合做短线交易，还是中长线交易。当然，无论哪种风格，短线交易或中长线交易，都没有优劣之分，而是各有优缺点。

一般来说，短线交易的持股时间期限为一个月以内，中线交易的持股时间期限为一个月至一年，长线交易的持股时间期限为一年以上。

（1）短线交易

大部分短线交易者为激进型投资者。激进型投资者奉行"富贵险中求"的观点，只要能快速盈利，风险再高也不怕。

短线交易理论上赚钱最快，资金的利用率最高，有时候一个月的交易额可以是自身资金量的几倍甚至几十倍。

一般来说，短线交易可以及时抓住热点，参与市场炒作。但是，短线交易风险很高，交易成本也高，而且还需要时时刻刻盯盘，比较耗费精力。同时，短线交易也非常考验投资者的操作水平，对市场题材理解能力和技术要求都比较高，所以更适合职业投资者，非职业投资者如果进行短线交易，大概率会亏损。

（2）中长线交易

大部分中长线交易者为温和型投资者。温和型投资者风险意识比较强，不会轻易冒险，对收益的追求会足够克制。

中长线交易容错率比较高，比如，短期内有一些公司的股价可能会因为某些原因出现波动，这种波动对中长期持有者一般不会产生影响。中长线交易意味着不会频繁买入卖出，所以可以节约交易成本。

但是，中长线交易选股很困难，它不是随便买一只股票长期持有就好，而是要讲究性价比，需要对股票的估值进行合理分析，比如，需要去调研公司的经营状况、财务状况等信息。

3. 盈利目标

进入投资市场，你对预期收益有怎样的期待？是跑赢通货膨胀就可以，还是想赚一些钱补贴家用，抑或是想发大财？盈利目标不一样，操作的手法和购买的品种也不一样。

盈利目标的制定，要符合当时市场的实际情况。

市场为熊市时，能够保本或者小赚就非常不错了，这时候切忌定下大赚的盈利目标。市场为牛市时,盈利目标就可以放大一些,这时候就不能过于保守,此时不赚更待何时?

投资的最终目的就是盈利,盈利目标的设定将直接对投资风格产生影响。如果重风险、轻盈利,就可以选择相对保守的投资风格;如果重盈利、轻风险,就可以选择相对激进的投资风格。

无论选择哪种投资风格,都要坚持,切忌摇摆不定、毫无主见。投资风格一旦确定,就不要轻易改变。

最好的投资一定是投资自己

人类之所以能够主宰世界，是因为人具有超强的可塑性。从进化之初开始，人类就不断开发自我，到了近代，经历了几次科技革命后，人类几乎获得了超越神的加持能量。万里之遥，开了手机就能视频对话；千年之远，通过全息就能穿越体会。

新的时代，融通的互联网环境、丰富的多媒体平台、多样的职业赛道，给了每个人升级和致富的机会。但要成功、致富，首先还是要回归自己、丰富自己、开发自己、提升自己，这才是投资理财底层的逻辑。

投资自己简单来说就两条：第一，投资头脑，跟对人，做对事；第二，投资技能，走在朝阳行业，掌握核心技能，进入卓越的组织。

1. 投资头脑，获得长远的增值动能

我在抖音直播里常说这样的话：人决定读什么书、去哪儿旅行、交往什么人、看什么主播，这是你的个性，也是你的智慧。就以看视频为例，有的人就想着乐呵乐呵，能躺着绝对要躺着；有的人的目的却是丰富自己，因为视频网站也有很多大佬驻站，他们的几个简单开示，就能让人受益匪浅。这其实是一种选择的结果，所有不甘平庸、想要快速实现财富自由的人，会主动将点滴时间都用来投资自己，尤其是投资头脑。

投资头脑，能获得长远的增值动能。最近几年纸质图书市场持续低迷，但大V、大佬，还有一些网红的书却一直很受欢迎，就是因为这些内容都是能够武装人的大脑的，能够让人在纷乱的时局中，找到比较好的路。

抖音有个东北农民博主，通过分享东北日常生活走红，并因此收获了互联网第一桶金。但她相当清醒，她说："我的生活不是摆拍，就是实打实的日常。但我的确有拍摄团队，有专业的视频剪辑，还有内容策划。我不懂互联网，我能成为网红，是坐了车的，坐的是那些聪明、懂互联网的人的车。"

任何一个时代，能够成功的不一定是最优秀的头脑，但最优秀的头脑在任何一个时代都发挥着重要的领头作用。所以，在一无所有的时候，在还是一张白纸的时候，一定要先武装头脑。机遇是可遇不可求的，但丰富的见识却是可以自己把握的。

如果你没有投资头脑，那你只能祈祷遇到睿智的人带你坐车，这就是我们前面说的向上社交了。其实向上社交，跟对了人，也能改变思维方式，这属于变相地投资大脑。投资大脑最后的成果就两点——跟对人，做对事。

机遇是不择人的，雷军说，站在风口上，猪都可以起飞。但聪明的头脑却可以让人在没有条件时，也能创造条件致富，比如上面案例里东北博主背后懂互联网的团队。即使在落后的境遇中，聪明的头脑也有赶超的机会。

直播带货的那么多，后来者董宇辉为什么能迅速收获大量的粉丝？除了新东方品牌的加持，我认为还有一个原因，是他的话语里充满了对世界的慈悲，很多人会被他的能量场罩住。这就是优秀的头脑和喧哗的随大溜儿者不一样的地方。读书越多、阅历越多的人，越会对这个世界充满慈悲，因为世界才是每个人的根源。你可以把这看作一种胸襟，也可以看成一种思维模式。很多人是体会不到这一点的。

读书、认识优秀的人、到各地去旅行，增加阅历，提高认知，改善心态，这些都是投资大脑的重要方式。武装头脑，可以让我们更清醒，也能让我们走得更远，获得更大的增值空间。

2. 学习技能，获得一生稳定的工作机会

同样是人生，为什么有的人是生存，有的人是生活？如果人只有一项不怎么热门的技能，那他就只能是艰难生存；只有拥有热门技能，或者拥有多项技能，他才会有丰富的生活。所以学习技能，是投资自己的另一个重要方向。

职场上我们常见很多学习型人才，他们将大部分业余时间都用来学习各项技能，提升自己。拿证最多的人不一定获利最多，但一直学习各项技能的人一定不会把路走窄。

有的人非常聪明，在与同事、客户的交谈中，看似无意地透露了自己又参加了什么培训班，学到了什么技能等信息。这其实就是在打开自己、广而告之，他们的目的不是引发别

人的羡慕，而是成为人们的记忆点。当一个圈子里的某个人需要这项技能时，人们立刻就会想到他，这就是给自己做了预投资。

最近几年市场行情低迷，很多人失业、破产，负面情绪也有很多。人们说，人类科技革命速度太快，职业更新速率也在提高，到某某年后，大多数人都要被淘汰，弄得人心惶惶。科技革命的确提高了被更新、淘汰的概率，但投资大脑后，你会知道怎么避免成为被淘汰的那一拨人。

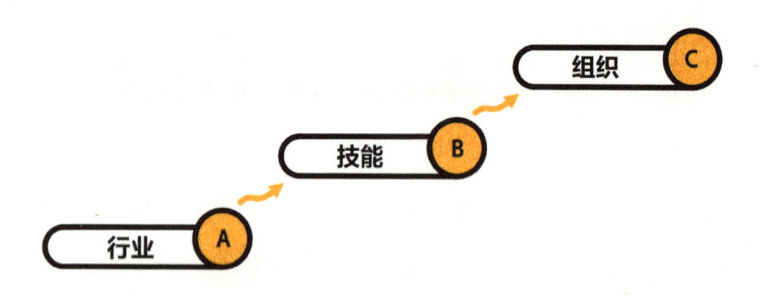

行业 A → 技能 B → 组织 C

这里有一个大家普遍认可的定律，行业—技能—组织。首先，你要选择一个朝阳行业，朝阳行业机会多、工资高、待遇好、可提升的空间大；其次，你要选择核心的技能，比如，一个直播团队的核心是主播，你的技能决定了你赚钱的能力、站在人群中的优势以及未来能够拥有的资源；最后，你要选对组织，或者进入大牌企业，或者选择优秀的领导人，或者组建一个优秀的组织，好的组织给你更强的势能，给你更长远的动能。只要按照这个定律来投资自我，就可以大大降低你未来被淘汰的概率，获得一生稳定的工作机会，持续拥有可观的财富来源。

总之，任何投资理财产品的升值空间都不如自己这个人更大，不断投资自己，才能安稳地走进财富帝国。

要寻求让你的财富翻十倍的机会

财源滚滚、日进斗金,财富一夜翻十倍,金山一日高如云,这几乎是所有人的欲念。光是这些闪着光的词在嘴里滚一圈,都感觉自己变得耀眼夺目了。

我并不认为追求财富快速增长有什么错误,甚至一夜暴富的欲望也是人之常情。只是寻求财富暴涨有一定的逻辑。

1. 远离虚无赚钱场

我为什么把想要发财的心思称为欲念?因为欲念会让人变得贪婪、急功近利,进而寻找那些虚无的赚钱场。什么叫虚无的赚钱场?比如炒股票、赌博甚至买彩票。这些都是虚无的,除了职业投资者,很少有人能通过炒股票(不是买股票)发财,有些人偶尔坐了顺风车，通常也会在后面的行情中又亏掉；赌博就更是逆行求财，败家的倒是更多；彩票则是可遇不可求，用最少的钱去撬动一个微乎其微的概率，比大海里捞针强不到哪儿去，好在这是一个福利事业，能让人心安。

想致富，首先要心稳，远离这些虚无的赚钱场，你才能看到真正安全稳定的财富翻倍方法。

2. 进朝阳行业

所有初入职场的人都雄心万丈，想要找到一个最有效的出发点，自此一路飞扬、大展宏图、财源广进。什么是那个有效的出发点？第一步，一定是进朝阳行业。这一点，我在前面就讲过，这里细说一下。

什么是朝阳行业？

2020年，互联网行业发生的贪腐案件非常多，那时候"烧钱大战"依然不断，新闻自然也就不断曝出贪腐案，一个短视频企业管食堂的人一年居然贪了1000万元。新闻出来后很多人超级震惊，这家企业遍地都是黄金吗？

如今地产行业落寞了，回首看，你会觉得当时这是一个非常荒谬的行业，一个地产商从一个银行贷款后，可以用这些资产包做抵押，再到别的银行贷款，之后再做成资产包，到其他银行贷款。所以，那时候地产商出手动辄上亿元。

这些看似荒谬的现象背后有一个逻辑——朝阳行业赚钱容易。进入这样的行业，你才有让财富翻十倍的机会。

其实现在判断朝阳行业很容易，除了这些荒唐的现象外，每年的高考期间、考研期间，都会有很多专家解读什么是朝阳行业，也就是他们称之为热门行业的热门专业，比如大数据、电子信息、通信、生物工程等。热门行业竞争激烈，但机会多，赚钱也多。

做投资的也必须看朝阳行业，很多研究机构都会研究新兴行业、热门行业的发展前景，看看那些公开的研究报告，也能知道什么是朝阳行业。

芯片行业就是朝阳产业，很多初入职场的人每个月都能赚1.5万元，而且随着工作时间延长，薪资提升快速，几年后涨到8万元、10万元不成问题。虽然很多企业没做出什么成绩，但全国人民都期盼拥有自己的技术，政府也适当地给予补贴。

所以，这个行业发展前景毋庸置疑。

（1）人生规划要趁早

找到朝阳行业并不难，难的是你出发点就选在了朝阳行业，所以，人生规划必须趁早，能在高考填志愿就完成的事，不要等到稀里糊涂随手学了一门专业，出了校门才发现用不上，那时候后悔都来不及。

如果人生规划得早，你不仅能进入朝阳行业，还能担任核心职能，升职通道顺畅，工资待遇提升的空间也会非常大。

（2）晚一步也要进朝阳行业

有人说："那我学了个行政专业，难道就没希望了吗？"当然不是，如果你学的是所有行业都需要的技能，虽然只是基础技能，但也还是有用武之地，你依然可以进入朝阳行业。

如果你恰好学了冷门的专业，毕业后就失业，那依然还有机会，哪怕你临时抱佛脚，到培训机构学一些非核心职能的技能（当然是简单易学的），也要进朝阳行业。先占一个起飞座，再让自己有独自起飞的能力。

（3）必须磨炼独自起飞的能力

地产行业风光了几十年，如今归于沉寂，导致很多人失业，他们没有其他的能力。这给我们一个什么样的启示呢？有些朝阳行业的上升期是不确定的，所以我们必须随走随看，永远不能懈怠，永远要磨炼自己独立起飞的能力。如果只是躺在安逸椅上睡大觉，只剩西北风时该怎么喝都不知道。

3. 找初创企业，拿到原始股

毕业就创业，在朝阳行业找到一个自己赖以生存的空间，自然也能获得财富翻十倍甚至更多的机会。但大多数人畏惧创业，创业要经历太多难以想象的磨难，唐僧取经路上的磨难可能都没有创业一年经历的磨难多，如果没有如来护持、菩萨救助、悟空保驾，那还是老老实实做打工人更好。

很多打工人的春天比独立创业者来得更早，特别是那些能拿到持续升值公司的原始股的打工人。

阿里 2000 年推出"中国供应商"服务，当时条件非常艰苦，但阿里却磨炼出一支后来震惊商界的"阿里铁军"。到 2014

年阿里上市后,这支铁军中的很多成员一夜之间就成了千万富翁、百万富翁。

所以,如果你只想打工,就要进朝阳行业,找那些初创企业,看组织的领导者,看组织的未来方向,给自己拿到原始股的机会。

有人说,这个更难,可能比买彩票还难。是难,但不是没有方法可循。我前面强调的向上社交、打开自我、出去消费等,其实就是铺垫,核心就是要让自己有慧眼、有机遇,你看得到、准备得好,福慧圆满了才能一朝升天。明断力不是一天就来的,好机遇都是给有准备的人的。什么时候准备,在哪里准备,一切都把握得刚刚好,哪怕你不能扶摇直上九万里,飞出个三万里的距离总是没有问题的。

现在再回来说向上社交,还有人觉得这是在向上巴结吗?不,这是在自我成全,是在自我圆满。财神爷住在每个人的上方,不抬头是看不见的。

月薪两万的普通人怎么做理财

很多投资理财相关的图书里都有这个话题：月薪五千的人如何理财，月薪两万的人如何理财……理财是实现财富自由的重要手段，因此大多数书里给出的建议是这样的：

只要有收入，就要开始精打细算，哪怕存入余额宝、微信零钱通，都是在积累自家的"蓄水池"。如果收入是可持续的，每月都有固定的余粮，那就可以定投指数基金，积攒到一定数目就可以买大额存单……

聚沙成塔、集腋成裘的确能给我们一种笃定的安全感，但在存款利率低、市场行情低迷时，就可能出现越存越少的情况。人家是投资赚大钱，有些人是在吐血喂基金，钱是辛辛苦苦赚来的，却轻轻松松就被吸走了。

所以，我认为这种投资理财是最下乘的。《孙子兵法》说："上兵伐谋，其次伐交，其次伐兵，其下攻城。"到了短兵相接的时候，伤亡是不可避免的。其实无论是用兵，还是人生规划、理财规划，我们都要站在更高的地方，看向更远的未来，做更大范围的布局。

那么普通人在刚进入职场，工资特别少的时候，应该干什么事呢？

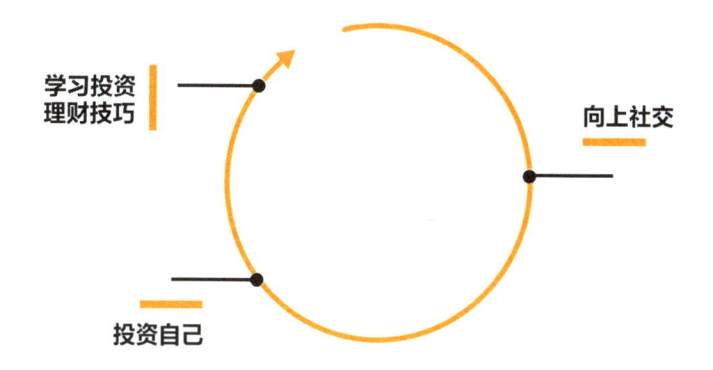

学习投资理财技巧

向上社交

投资自己

1. 向上社交

社交的重要性毋庸置疑，因为**人是事的基本结构**。

俞敏洪非常欣赏员工周成刚，认为他是大才。但周成刚有个特点，就是不爱与人交往。俞敏洪担心这会限制他的发展，于是每年强制扣留他的一部分工资，让他出去和同事、客户、朋友吃饭，交往一切可以交往的人，一切费用公司给报销。社交能助人快速熟悉人、悟透事，使人高速成长、圆满成熟。周成刚2000年加入新东方，到2016年就开始担任新东方总裁。

有个成语叫事在人为，只有人通透，事才能圆融，也才能收获预期想要的结果。这就是社交的重要性。

那么，什么叫向上社交？很简单，就是认识比你牛的人，认识有经历、有见识、有格局、有方法、有动能的人。向上社交是理财最重要的布局。

如果你经常看名人传记、访谈，你就会发现一个很重要的特点：大多数成功的人未必一开始就是天选之人，一眼就惊艳世界，相反他们就是普通人，也经历过迷茫、黑暗时期，但他在人生的某个节点认识了一个很重要的人，这个人或者给了他全新的思维视野，或者给了他全新的生活手段，或者为他铺就了一条通天大道，彻底改变了他的人生。比如我们耳熟能详的明星界的"星探"，创业圈的"投资人""合作伙伴"等，都是人们口中津津乐道的贵人。

京东创业初期，刘强东还不懂风险投资是什么意思，他后来开玩笑说看到VC（风险投资的英文缩写）还以为是营养素。那段时间经营陷入瓶颈，后经人介绍，刘强东认识了风投女王徐新。两人见面前，刘强东的预期投资金额是200万元。但两人交谈后，徐新认为刘强东为人很靠谱儿，做的事也大有前途，于是大手一挥，投资1000万元。正是这笔投资，让京东获得了强劲的成长动能，到如今，京东已经成为头部超级电商了。

任何个体的动能都十分有限，越是在普通时期，在发展的过程中，越容易受限、玩不转，此时，你只能向外去找，向上去找。

我为什么要强调向上社交？

从内部来说，任何人的见识、思维方式、做事模式都是全部环境、境遇造就的结果。我们生在哪里，就容易在哪里开花，所以古有"孟母三迁"的教育典故。当代也有一句经典的话："你是谁不重要，重要的是你和谁在一起。"普通人之所以普通，未必是因为自身能力不够，可能只是因为没有动能、没有舞台。只有先突破现有的境遇，突破思维的禁锢，突破能承担的事的重量级，得到可以转起来的动能，才有大展宏图的机会。

从外部来说，已经进入上层的大V、大佬们，他们阅历丰富、视野开阔、思维超前、人脉广泛，八方都是机缘，他遇到什么机会，随手推荐给熟悉的人，对那个人可能就是一次人生转折点。优秀的人，给他背书的人也会是特别牛的人。所以，现在人们常说："你与谁在一起，比你要去的远方更重要。"

我当年管理唐山的国资企业，有招聘权。对求职者来说，这是一个非常好的机会，当时进国企还是很难的。我当时考虑的条件就是：第一，我认识的人；第二，靠谱儿的人。我肯定得在和我进行过深度感情交流的人中间找，因为只有经历过深度沟通，我才能准确地判断这个人是否能承担得起所聘的职位。

所以，普通人在余粮少的情况下想要突破，想要早日实现财富自由，最好、最快的方式就是向上社交，快速打破自己的成长瓶颈。

2. 投资自己

普通人在余粮少的时候，与其投资理财，占用时间、浪费金钱，不如投资自己，学点技能。关于这一点我们下一节详细展开。

我曾经是当代置业首席投资官，是七个董事之一，管理过很多人，我发现：会向上社交的人和能够自我学习的人，是最容易脱颖而出的。这是比学那些不靠谱儿的理财技巧更为重要的投资方法。

3. 学习投资理财技巧

很多人急功近利，上来就直接学技巧、学方法，这样很容易把路走窄。

我看过很多人在上班时间炒股票。炒股票对人影响非常大，很多人赚了就兴高采烈，赔了就无精打采；有些人管不住自己，虽然害怕，但还是一会儿看一下行情，一会儿看一下涨势，浪费了大量的时间，连本职工作都受到影响。这都是在做无用功，有百害而无一利。

我也见过一些员工，他们本人优秀但并不卓越，他们会的技能新潮但未必超前，他们甚至可能没有多少理财技巧，但他们选对了领导，选对了企业。很多企业一上市，一夜之间就增加了很多亿万级富翁、千万级富翁、百万级富翁，就连最普通的员工身价都跟着水涨船高。

雷军说："任何人要成就一件事，其实质不在于个人有多强，而是你能顺势而为，于万仞之上推千钧之石。"在雷军创业的阶段，很多聪明人有了更好的机会就跳槽走了，反而是一些"笨的人"留下了。当企业上市，股票一变现，是这些人成了富人。这才是世界上最完美的投资方式。

当然，学习理财技巧也没有错，不过，一定要分清优先等级。当你完成打开自己、向上社交、投资自我等，再学理财技巧，那会完全不同。这时候投资失败对你来说就不是血亏，而是一种让你长进的培训，因为你能悟道。股市能教人做人，有了失败的零敲碎打，等你赚大钱之后才不容易亏个大的。

中国文化里有"道"和"术"，道为源，术为法。中国人讲究先学道，再为术，悟道后术才有灵魂，才有更大的动能。投资理财也是一样，先找到更好的舞台，找到变强的动能，再展示技能，赚钱可能比你想象的更容易。

一定要感受这个世界的美好

没有看过大千世界,就不要说世界不够美好。在这一节,我用"鸡汤"来讲述一个赚钱的逻辑。

我在做直播的时候,连线过很多人,他们上来就说特别迷茫,不知道未来会怎么样,感觉世界现在一团糟,到处都看不到希望。这时候我就会问他:你去过法国吗?你去看过凯旋门吗?你去过土耳其吗?他说没去过。我说那你哪儿都没去过,你为什么就觉得看不到希望了呢?你不去大范围地感受一下世界,如何能听到这个世界的心跳,又如何能找到自己的安全感呢?

很多人说我这是"高谈阔论",不懂民间疾苦,所有迷茫的人是因为没有钱才看不到希望,没有钱的人,他还能去哪儿呢？他是被困住的。这其实是个悖论。我且不说花很少的钱去周游世界的各种方法，关于这个，你随手翻翻任何一个多媒体平台，就可以找到大量的攻略，还有不少人开发出"挑战以×（很少的钱）元钱旅游"的内容主题。我要说的是，很多人之所以没有钱，被困在某个地方，是因为自身视野狭窄、思维不开阔。

如果你仔细观察，就会发现那些感到迷茫的人，大多数都太执着于自我的天地，闷头想自己的事，不管天地宽窄，也没有意愿去感受大千世界。所以，我才会经常跟小伙伴们说：趁着年轻，一定要拿出一些钱来消费，到世界各地去转转，感受生活，打开视野，那时候再规划人生、做投资，心态都是不一样的。

有一个宝妈，厌倦了自己平凡而无望的生活，于是带着孩子四处旅行。她其实家底很薄，可供旅行的钱很少。那时候正是自媒体开始蓬勃发展的阶段，她一开始是在博客上写旅行日记，后来又开了自己的微信公众号，很快就收获了大量的粉丝。有了流量之后，她也有了收入，她用这些钱去更多的地方，见识更多的人，写下了更为令人感动的内容。她的生活因此而出现了正向循环。消费，反而给了她赚钱的动能。

这样的故事，在最近几年可能每个人身边都有，在多媒体平台上也能经常看到。一个在生活中毫不起眼的人，某天展开了一场说走就走的旅行，归来后就变成了更成熟的人。

在现在的中国，交通便利，互联网普及，多媒体给了更多阶层的人展示自我的机会，也让所有人都有了看向世界的渠道，有了走向世界的机会和方式。所以，困住人的从来不是环境，而是那颗执着于自我的心。迷茫的人要想改变，就必须打开自己，走向世界。

如果你实在没能力走向世界，你也要尝试着看向世界，在互联网上看。看看世界其他地方的人们是怎么生活的，又是怎么讨生活的。要知道，各种内容平台教人生存、帮人提升的教程层出不穷，互联网都是走量的，因此，价格相对传统时代非常低，有些甚至是免费的。只要你想，你就有无限的可能。只要你热情学习、善于行动，那你只会有无穷的干劲，哪里会有时间去迷茫？

我一直认为，年轻人不要怕消费，尤其是开阔视野的消费，这种消费不是消耗，它可以被叫作投资。比如我前面讲的向上社交，这节讲的向外看世界，表面上是支出，实际上却是一个少出多进的流程，就像俗语里说的一样：老鼠拉木锨——

大头在后边，蚯蚓钩鲤鱼——以小换大。

另外，我接触过很多人，我感触最深的是，那些迷茫的人，不但体会不了远方的诗意，就连身边的美好也容易忽视。而对于优秀的投资者，就连生活中的微末细节也能成为其投资的依据。

彼得·林奇是世界上著名的投资大师，他就曾经因为夫人的一双丝袜做过一次成功的投资。夫妻俩有一次聊天，夫人提到自己穿的丝袜品牌非常好，不抽丝，而且好买。她周围的很多好友都会买这个牌子，她也常推荐别人买这个牌子。彼得·林奇就开始研究这个生产丝袜的公司的各项数据，还到市场上去看行销渠道，听消费者的反映，一切都符合夫人的说法，于是果断买了这个公司的股票，后来这只股票果然给他带来了丰厚的利润。

如果没有看遍各种企业的视角，彼得·林奇也很难从一双袜子上找到投资的思路，这就是走出去时万千世界，归来后世界万千。

不管是做人生规划，还是做投资，走出去永远没有错，只要打开了视野，在任何地方，在任何时点，都可能会出现给你灵感的事物，出现让你转变的契机。更重要的是，它会让你产生生活的热情，让你永远不会受困于环境，也没有时间迷茫，让你的未来拥有无限可能。

PART 2.

理财认知池

投资考验的不仅仅是眼光，还有人的定力。

资产永远的三类配置：
活期类、固收类、风险类

资产配置是一种投资规划，简单地说，就是投资者根据个人投资需求和风险承受能力，在不同资产类别之间合理配置资金，在保证资产安全的前提下，实现资产的保值增值。希望大家记住一点：**资产配置的主体是人，而不是资产**，一切的出发点应该是人，这样才能把握住方向，控制好节奏，做到心中有数。

投资犹如打仗，一定要做到知己知彼。在投资之前要先剖析自己，包括性格、能力、专业性、自身收支储蓄能力等，做到知己；然后再了解自己的资产与财务状况、当下的投资环境以及要达成的投资目标，做到知彼。

投资最大的敌人是风险，合理的资产配置可以分散风险。比如，活期类资产、固收类资产、风险类资产组成了一个三

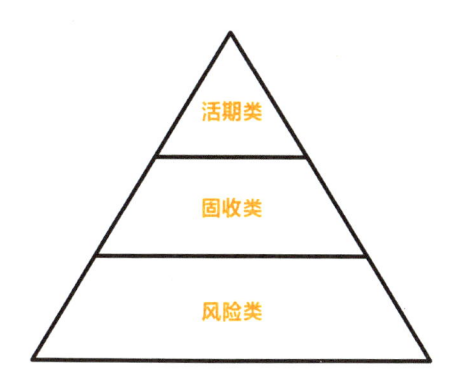

脚架，少了其中任何一项，这个三脚架都有随时倒下的风险。所谓合理的资产配置，就是在风险可控的前提下，把鸡蛋放在不同的篮子里，借此以最小的风险博取最大的收益。但是，也不能过于分散，过于分散可能会导致不赚反亏。

市场上，大家比较熟悉的资产配置方式有很多，但专业人士做的资产配置永远分成三类：活期类资产、固收类资产和风险类资产。

1. 活期类资产

活期类资产是流动性资产，随时可存、随时可取，特点是风险低、收益低、流动性强，包括银行活期、货币基金、期限在一个月以内（参考年化收益3%左右）的理财产品等。

活期账户里面是日常现金资产，可以保障家庭的短期开销，每个月基本都是固定的，平时的日常花销，如吃饭、买衣服、旅游、置办生活用品等需求，都从这个账户中支出。活期类资产的比例最好控制在家庭资产的20%左右，如果占比过高，就没有足够的钱投进其他账户了。教给大家一个省钱小技巧，每周做预算记账，可以在一定程度上减少花钱欲望，减少固定开支。

2. 固收类资产

固收类资产是低风险长期资产，具有本金安全、收益稳定、持续增长等特点，收益比活期资产略高，流动性要差一些，包括债基、国债、定期存款、期限在一个月以上（参考年化收益在5%左右）的理财产品等。这是家庭主要的资产配置，固收类资产账户里面是一笔长期收益的稳健资产，一般占家庭资产的60%。

投资固收类资产的主要目的是保本升值，抵御通货膨胀。

要保证本金无损，要长期稳定地投，如无意外不要轻易取出。固收类资产是一个家庭良好生活的中坚力量，守住这个账户，生活就有了保障。

3. 风险类资产

风险类资产是指风险偏高的资产，但相对来说收益也较高。高风险投资的目的很简单，就是获取高收益，包括股票、BTC、外汇、期货、房产、原油、投连险、贵金属、股票、基金等。

风险类资产配置的关键在于合理的占比，一般占家庭资产的20%。另外，投资前要结合自己的风险承受能力，不能盲目托大，更不能赚得起亏不起，牢记无论盈亏对家庭都不能有致命性的伤害这一原则。高风险投资不是投机，不是买彩票，投资时要选择自己熟悉的领域，懂得越多，盈利的概率就越大。

当然，资产配置比例并不是一成不变的。刚工作时，可能只有现金资产和一定的保障资产；随着工作年限的增加，个人资产会增大，这时候就可以适当加大风险资产配置比例；结婚生子后，就会偏向稳健的增值资产配置来满足子女家庭开销和未来双方父母养老两大刚性需求。这时候，一般家庭都完成了一定的财富积累，保本稳健增值成为首要目标。无论高净值人士，还是中产和普通人，随着年龄的增加，稳健资产占比都会提高。

如果具备一定的专业投资知识，还可以使用股债平衡策略。在市场上，股票代表攻击，债券代表防守。如果承受风险能力强，喜欢进攻，可以多买股票、少买债券，比如股债比例为7∶3；如果承受风险能力弱，偏好防守，可以少买股票、多买债券，比如股债比例为3∶7，然后根据股市环境和债券收益率来回调仓，来让比例回到最初。

比如，某家庭固定收益配置以国债为主，当国债收益率变高时，就去买国债，买债的资金就从风险资产账户里调过来，这个行为在专业的资产配置里面就叫股债再平衡，即多买债券、少买股票。相反，如果股市环境好，再将资金从固定收益账户调回风险资金账户。

总之，资产配置很复杂，不是去银行买点理财产品这么简单，它也不仅仅属于富人阶层，每个人都要有资产配置意识，合理分配自己的资产。当然更重要的是，**资产配置要因人而异、因势而变，没有绝对标准，按需配置是最恰当的投资方式，可以最大限度地实现收益与风险的平衡，实现财富增值。**

始终相信价值

我们都知道巴菲特坚持的长期投资理念,他的核心价值观是始终相信价值。怎么理解这句话呢?

1. 投资依据的是上市公司基本面

巴菲特有一套完整的投资理论,其核心依据就是上市公司的基本面。这套理论在公司层面的四个认知点是:好行业、好企业、好管理、好价格,我们可以称之为"四好原则"。

这几个认知点说起来非常简单,就是投资小白也能一看就懂。先说好行业,朝阳行业的走势永远比夕阳行业的走势强劲,这是毋庸置疑的;再说好企业,好企业要么建立了自己的护城河,要么拥有了核心竞争优势,未来都能获得不错的收益；好管理是好企业持续盈利的基本条件之一，企业的管理者、领导人都是需要考察的对象；好价格也好理解，你买蓝筹股买高了也有风险。

这"四好原则"都可以通过"Money is OK"来做判断，凡是符合"四好原则"的，一般涨势都会很好。

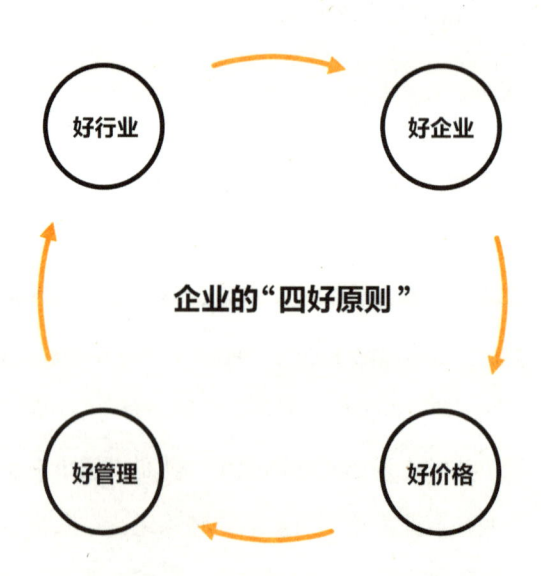

企业的"四好原则"

- 好行业
- 好企业
- 好价格
- 好管理

2. 极度自律，不会跟市场一起"嗨"

巴菲特的投资理论，除了公司层面的"四好原则"，还有长期持有、适当分散。

长期持有，看的是上市公司的未来行情，不会受股市震荡的影响，这会让人有个好心态，而且长期复利被称为"世界第八大奇迹"，时间越长，利滚利的结果越可观；适当分散，这是防范风险的方法，多投几个金矿，总会遇到效益特别好的，让你收获得盆满钵满。偶尔遇到一两个臭蛋，也不会损失太惨。

从1956年到2018年，巴菲特创立的公司伯克希尔·哈撒韦股价上涨了12000倍，年均复合增长率高达18.7%。这是个什么概念呢？同期标普500指数（美国投资组合指数的基准）的年均复合增长率只有9.7%。巴菲特的股票几乎都会持有8年以上，中石油H股（持有3年）除外，对很多企业的股票甚至持有几十年，比一些人的婚姻持续时间还长。

比如GEICO（一家保险公司），巴菲特刚毕业就将自己的一半身家都投了这个公司，因为他特意到这个公司做了深入调研，后来又重仓GEICO，到1995年（持有20多年），巴菲特持有的GEICO的股票增值了50倍，盈利23亿美元。到1996

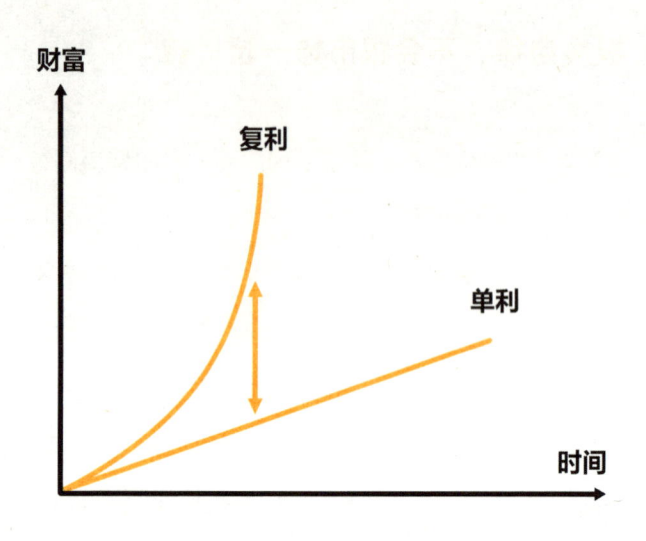

年，巴菲特干脆买下了 GEICO。另外，如吉列剃须刀、可口可乐、华盛顿邮报等，巴菲特都是长期持有，买入后一股都不动。这些企业也不负众望，给巴菲特都带来了可观的复利。

就算不算复利，我们还可以算一笔账：持有某只股票 8 年不动，手续费为 1.5%。如果每个月都换手，那 1 年的手续费就要飙涨到 18%，8 年就是 144%，这是手续费上的损失，再加上复利的损失，差距就更大了。

其实巴菲特的这套理论并不复杂，而且他很多年前就公之于众了，可为什么能复制他这套理论的人少之又少呢？巴菲特曾经说过这样一句话："因为很少有人喜欢慢慢变富。"价值投资理论的一个基础条件是时间，选择一家公司，跟定一家公司，它好你也好。巴菲特最值得称道的就是自律，他不会跟着市场一起"嗨"，任尔东西南北风，他只在价值理论世界里逍遥。

但大多数人没有巴菲特这样的好心态，妄想一夜暴富，没有耐性也没有信心等待钱逐渐升值，在股市里追涨杀跌，忙得团团转，收益却是一团糟，竹篮打水一场空。

当然，获得这样的成绩，也有时代和国家因素，巴菲特投资的是最有价值的时代，国家一直处于上升通道。所以，人们常说，以后很难再有第二个巴菲特出现了。

3. 只赚自己认知以内的钱

抛开 2022 年下半年不看，特斯拉在美国是神一样的个股，自 2010 年上市以来表现一直特别抢眼，初始上市价格为 17 美元，10 多年来，股价一直上扬，最高价位超过 1200 美元，特斯拉市值达到 1 万亿美元。因此很多人说巴菲特错过了特斯拉。他的确错过了特斯拉的上升期，但他也躲过了特斯拉股灾一样的跌穿日。

未知的世界

认知水平
低
↓
与外部世界的接触边界少
对未知世界的认知缺乏

认知水平
高
↓
与外部世界的接触边界多
明白未知世界的广大和无限

其实，巴菲特经常告诫投资者要有"自知之明"，他经常跟股东说，他准确地知道自己是谁，知道自己的认知边界在哪里，他不会赚认知以外的钱，这也是价值理论的核心。因为超越了认知的范围，风险更大，而价值理论是以风险最小的方式长期持有赚钱。

巴菲特不但没有投特斯拉，而且之前一直坚定地不投科技股，哪怕一些企业十几年都表现得特别优质，"Money is OK"了，他也不动心，他的理由就是自己看不透这些企业在未来10年的发展状态。当初，他甚至排斥苹果。只是在苹果暴跌时，他（也有消息说是他的投资经理）还是入场了，不过理由也很特别，因为苹果品牌占据了消费者的心智，而巴菲特善于买消费股，所以才会买入苹果。

普通投资者是难以做到这一点的。A股里的投资者中，能对股票背后的公司做分析的很少，能做详细调研的就更是少之又少。大多数人都是跟着牛市一起"嗨"，跟着熊市一起"丧"，先不论对错，反正赚钱稀里糊涂的，赔钱更是莫名其妙的。通常来说，一个人凭幸运赚到的认知以外的钱，也会凭实力亏掉。

所以，芒格说，真正智慧的投资都是价值投资。价值投资安全可靠，有收益保障，还不会让人迷失自我、产生赚钱焦虑。学习价值投资，是非常明智的投资选择。

稀缺产生价值

稀缺产生价值,这是经济学里的一个经典理论,也是股市运行的基本理论之一。

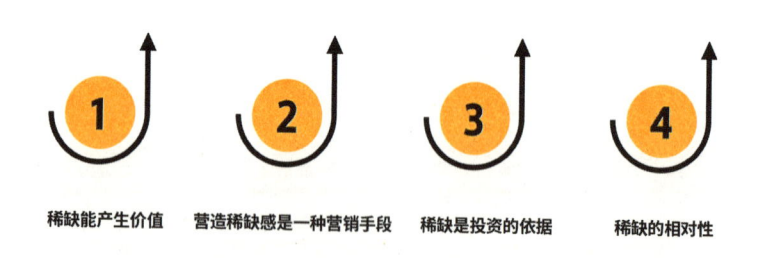

1	2	3	4
稀缺能产生价值	营造稀缺感是一种营销手段	稀缺是投资的依据	稀缺的相对性

1. 稀缺能产生价值

所谓价值,简单来说就是对人有用。空气是人的存活条件之一，没有了空气，人也就快不行了。但没有人给空气定价，空气是不值钱的，因为到处都有。钻石就不一样了，钻石除了能做装饰品，大概就没别的用处了。有人说可以做钻头，那是工业钻石，价格不会太高，我们不讨论。但是装饰钻石就贵得离奇，1克拉就要成千上万元，等级高的，甚至要几十万元、上百万元。为什么？因为稀缺。

同样是陶瓷，为什么古董更值钱？因为稀缺。历史回不去了，未来怎么创造古董？所以，稀缺就是能产生价值。

艺术界有这样一个笑话：作者死前作品一文不值，作者死后作品光芒万丈，比如画家伦勃朗、凡·高。为什么？因为稀缺嘛（当然作品也的确优质）。所以，现在一些艺术家临终时，会有一些公司囤积其作品，为的也是赢取稀缺价值。

2. 营造稀缺感是一种营销手段

我们在大街上都听到过这样的营销说辞："数量有限，卖完为止。"在各个电商购物平台上，我们也遭遇过这样的营销手段，如限量秒杀、"此价格仅限于活动期间"等，这都是在营造稀缺感。消费者害怕错过良机，一些无法决断的购买需求，也会变成强烈的需求，从而让消费者迅速下单。这种稀缺感使消费者产生的心理是，便宜只有这时候能占，过期就不候了。

最会玩稀缺概念的，还有那些拥有自由定价权的公司，他们用的词叫"限量版"，就这些，就这价，你爱买不买。很多人不仅急着买，买完了还要晒，他们晒的不只是价值，还有地位，因为稀缺会给他们营造一种独特、高端、尊贵的感觉。奢侈品公司如LV、爱马仕，都是通过人为营造至高无上的荣誉感而占据人的心智的。

3. 稀缺是投资的依据

稀缺也是投资领域比较常用的法则之一。它有很多具体的应用。

（1）选具有稀缺性价值的企业

最简单的是购买如LV、爱马仕这种专门以营造稀缺感自由定价的公司的股票，因为这种公司是通过占据消费者心智来营造稀缺感的，公司有强大的保值升值能力。一定要记住，这种稀缺是不可复制的，别人想学也学不来的，因为消费者不买账。

除了品牌营销、无法被复制的商业模式能造成稀缺感外，还有原材料稀缺，比如，贵州茅台就是因为只能用贵州的水；标的稀缺，比如角膜塑形镜龙头欧普康视；技术稀缺，比如中简科技等；时间稀缺，比如阿里和腾讯，尽管后来者可以复制它们的商业模式，但已经没有了它们崛起时的环境条件了。

（2）选择阶段性稀缺产品

投资者可以根据信息，判断某种产品未来是否稀缺，购买因为稀缺而被推高价值的股票。

比如当气候变化，或者遭遇战争，世界范围的粮食减少，那么必然会引发粮油价格的攀升。乌克兰被称为"欧洲的粮仓"，战争发生后，出口大受影响。同时段，印度又推出政策：禁止小麦出口。这两个信息推高了全球的粮价。美国的几大粮商股票都成了投资重地。A股的几个龙头企业在那个时段的表现也都特别亮眼，收益很稳，尤其是金龙鱼，作为龙头股，其营收是十几个小蓝筹股之和。

能提早看到产品的稀缺性，布局板块，就可以收割稀缺产品升值带来的红利。所以，稀缺性也可以成为投资者预判股价走势的一个指标。

4. 稀缺的相对性

产品不会对所有人都产生稀缺的吸引力价值，稀缺只对有需求的人有价值，这就需要我们注意稀缺具有时空相对性。

比如，粮食灾害发生时，粮食股会因为稀缺而涨价，但粮食每年都会重新耕种、收获，当迎来下一波丰收期，稀缺就不是粮食股的属性了。蓝筹股只有在被少数人认可时才会被低估，一旦成为大家的共识，稀缺感就会大大降低，价格就会被推高，在高位时的投资价值就大大降低了。

空间也一样，即使房地产市场行情不好，一线城市的房屋价格降价幅度也相对很低，因为这些城市的土地相对更稀缺。

所以，如果想要依据稀缺来投资，就一定要看好时空，在稀缺发生的时候果断投资，才能有效获利。

总之，稀缺可以作为投资的判断条件之一，但对于具有相对稀缺性的投资标的，一定要把握好时空，在最好的时间、最有需求的地方投资，才能保证成功。

做投资和做公司都要想办法穿越周期

人有生老病死,月有阴晴圆缺,季节还有春夏秋冬,植物也有生发衰亡,这些都是周期轮回。中国古典文化里的太极阴阳鱼阐述了这样的观点:万物负阴抱阳。也就是说,任何事物在生发的同时,其实就已经潜藏了衰亡的基因,阴阳同在,只不过此消彼长而已。但阴阳鱼是一个圆环,虽有始有终,但终点同时还是起点,就形成了无限循环。这其实就是我要讲的穿越周期。穿越了周期,也就能够无限循环,不必涅槃却能够重生。

1. 我做抖音主播如何穿越周期

我现在在"抖音财经主播榜"排名第一,主号"吕晓彤"

```
         波峰
    繁荣        萧条


衰退
         复苏
      谷底
```

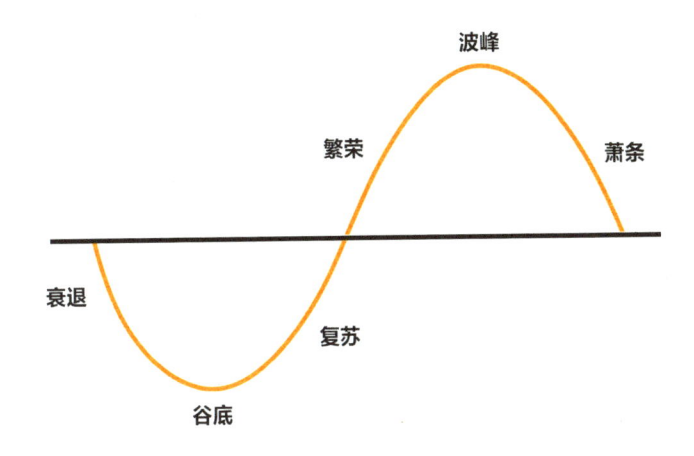

有90多万粉丝，粉丝剪辑号矩阵有200多万粉丝。我的铁粉率巨高，每一条视频都有四五十万的播放量，直播时也有几十万人围观。我自己就经历了穿越财经主播的周期。

长期关注财经频道的人就会注意到，大量的财经主播，尤其是讲股票的，播着播着就没了。这是因为股票最大的一个特点就是不确定性太多，市场不好，一些主播扛不住，就消失了。我之所以能穿越周期，是因为早早预料到这个周期的存在，我一直在给观众传输一种理念：这个世界是无序的。为什么这么说呢？金融从某种程度上讲，是一种创造价值的接力游戏。市场（这里主要指二级市场）上绝大多数公司的价值其实取决于大家的共识，就股票来说，它已经远远超越了分红本身带来的价值。共识不是理智的，会无序推高股价，也会无序让股价暴跌。共识使股价出现涨跌周期。我告诉我的粉丝，做投资必须懂周期，学会反共识，才有可能穿越周期。这些有经验的投资者很买账，我也才获得了穿越周期的机会。

我这里讲到了共识，什么是共识？有5个人去投一个公司，这个公司可能不值钱；但如果有50个人，甚至5万个人去投资这个公司，大家有了共识，都认为这个公司好，就会推高该公司的市价，产生溢价。

一般来说，投资者投资一个公司（比如餐厅），预期大多是三四年回本，时间太长的话接受不了。可是，我们看投资市场上随便一个公司市盈率（评估一个公司多少年回本的指标）至少都十几倍起，有的甚至二十几倍、五十几倍起。这里当然有公司自我成长的因素，但另外一个原因是股民的共识，共识推高了溢价，什么意思呢？

举个简单的例子，当代MOMA东二环的法拍房子往往比正常买的房子要贵。因为法拍的房子会吸引全国人围观，而且法拍的房子一般会设一个超出预期的低价。"低价＋法拍"

会引发大量人围观，围观的人越多，参与交易的人就越多，也就产生了流动性。当每个人都认为这个价钱肯定是捡漏了，即使再高一点都能接受时，就会产生共识。房子是市场化的，产生共识就会产生流动性溢价。所以，法拍低价房反而会产生一个较高的交易价格。

流动性会产生溢价。投资一定要在流动性强的地方，因为推动的人越多，共识越高，才越容易产生溢价。如果你关注过拍卖市场，你会发现收藏拍卖也遵循这个规律，凡拍卖品必须有流动性，流动性越大，溢价可能就越大。

当流动性超越了公司本身具备的一般人能接受的分红价值，就会产生泡沫。股市的泡沫，就是在流动性中激发了大众的过度贪婪导致的。一般人都有这样的认知：大家都认为好，那肯定就是好的、安全的，所以他们看不到泡沫。而泡沫总会破灭，当泡沫被戳破，或者"黑天鹅"出现，市场瞬间下跌，共识再次产生，大家都要逃跑，就一定又会出现过度踩踏。

大多数人投资依赖于共识，在市场流动性越大的地方越依赖于共识做判断，共识又会产生拉高和踩低的震荡周期。万物都有周期，金融市场的周期是因为流动性太强而产生的。要穿越周期，就必须在流动性强的地方反共识。这就是巴菲特说的：做投资是反人性的，别人贪婪时我恐惧，别人恐惧时我贪婪。

我发现，对于普通投资者来说，都不用看财报，就能把"常识＋人性"搞明白了，就能做得很好。但是"常识＋人性"太难了，因为在市场鼎沸的时候，你会怀疑常识；当所有人都看跌，股价也在下跌时，你依然会怀疑常识，这就是人性。

周期是伴随着人性发生的，只要有人性的地方就有周期。要是成仙得道了，那就不用经历周期了。很多人看不到人性，只看到"黑天鹅"。比如，俄乌冲突诱发了股价下跌。不看周期的人会抱怨外部因素，其实所有的"黑天鹅"都只是导火索，股市内部已经到了周期循环的时点，就在等一件事，"黑天鹅"一出现，股市应声大跌。这时大家才忽然用常识看问题，股价这么高，太贵了，得赶紧跑。而共识越多，就越容易引发踩踏。

我给普通投资者的建议，就是要认识周期，想办法穿越周期。

2. 什么公司能"躺平"穿越周期

金融市场有周期，企业发展也有周期。从经济学角度来说，任何一个企业不可能只有一个特别赚钱的生意持续盈利，任何一项赚钱的生意都有一个由生发到鼎盛再到下跌衰亡的过程。经营企业的一个重要目标，就是想办法穿越周期。投资大资金的，也一定会寻找那种能够"躺平"穿越周期的企业。那么，什么样的公司能"躺平"穿越周期呢？只有拥有超强品牌的企业，才有能力穿越周期。

苹果就是一个可以穿越周期的企业，2023年1月份，其市值曾短暂超过3万亿美元，即使后来下跌，其市值依然是耐克、可口可乐、沃尔玛、奈飞等11家国际超强企业的市值总和。苹果不是在做一个赚钱的项目，而是在持续打动消费者的心，并以此打造一个世界级超强品牌。这个超强品牌已经成为消费者的信仰。这种信仰只要在，企业即使遭遇"黑天鹅"，也能强力抵抗，并能成功穿越周期。

可口可乐也是可以穿越周期的企业。它的负责人曾这样说过："即使可口可乐全球工厂一夜之间全被烧毁，公司凭借'可口可乐'这个商标，依然能在一个月之内重获发展。"

美股第一大牛股LV（路易威登）也是可以穿越周期的企业。三年疫情期间，美股不断下跌，LV股票却一路长虹。为什么？因为LV的核心经营理念是：这个世界一直在变化，但有钱人总量不变，只是从你换成了他，从他换成了我。因为它的客户一直是有钱人，而有钱人始终存在，凭借此，LV就获得了穿越周期的力量。

巴菲特就喜欢投这种公司，因为投这样的公司不会焦虑。

我们现在看到柯达消失了。其实柯达在当时也算是一个超强品牌，就用"柯达"这两个字它仍然可以活得很好，只是因为管理者投了太多的钱又去尝试更多的事，放弃"柯达"这个品牌了。

超强品牌是企业的护城河。我国现在越来越重视品牌经营，就是这个原因，超强品牌可以帮助企业穿越周期。但即便是拥有了超强品牌的企业，可能也会遭遇穿越周期的考验。

最典型的案例就是A股的大牛股宁德时代。宁德时代市值1万多亿元的时候，中信证券说它应该值3万亿元。为什么呢？因为大家公认它为"宁王"，所有的电动汽车都在给它打工，都要用它的锂电池。在任何情况下，宁德时代工厂的生产线只会越变越多，它的效率会越来越高，人效比会越来越高。流动性越大，成本会越低，各地政府也会给它更多支持，这是一个无限正循环，它可以永远屹立不倒。

但很快大家就发现根本不是那么回事。因为第一，它上游还有锂矿，锂矿一涨价，"宁王"就玩不转了；第二，做电动汽车品牌的人都是枭雄，但电动汽车市场的状态却是"天下苦'宁王'久矣"，所以电动汽车公司希望在外面扶持另外的、自己能控制的锂电市场，不至于受制于人。这就导致宁德时代一度出现了非常大的危机，利润率极低，不得不想尽办法穿越周期。

所以，打造超强品牌是一个无限循环的过程，就像苹果、可口可乐，只有持续成为消费者心里的信仰，持续有盈利点，才能持续拥有"躺平"穿越周期的能力。

3. 每个公司都在想办法穿越周期

没有超强品牌的企业，就要不停地想办法穿越周期，具体怎么做呢？

（1）始终留足现金储备

做投资的和做企业的，都经常说到现金流，强调账上要有现金储备量。因为现金流是抵御周期衰亡的重要手段，是抵御"黑天鹅"突袭的首要防御措施。

三年疫情期间很多餐饮企业倒闭，一些原本盈利特别好的项目都损失惨重。海底捞也遭受了重创，但它却穿越了这个周期，依靠的就是现金储备。在黎明到来之前倒下的那些企业大多没有周期意识，在认知里把蓬勃发展当成了企业持续永恒的状态，所以没有做现金储备。

再好的赚钱生意，首先得活下来才有机会得到发展。看不到太阳，一切都只是空谈。

（2）不过度依赖交易所

巴菲特说："我从不打算在买入股票的次日就赚钱，我买入股票时，总是会先假设明天交易所就会关门，5年之后才又重新打开，恢复交易。"股市只能作为企业发展的原动力之一，而不能成为企业的唯一动力，否则企业就会受制于交易所。

（3）不断打造品牌

品牌代表的是消费者对公司的支持度。支持公司的人越多，流动性越强，品牌的能量就越大，共识就越高，品牌溢价才会产生。

新东方穿越周期的方法很有意思。

2021年在"双减"政策下，教育培训领域面临改革，很多企业几乎一夜之间关门。当遭遇"黑天鹅"事件，俞敏洪做了几件事：

第一，不给国家添乱，把所有老师的工资、赔偿金全部发放，一分不少。很多同行都不会做这个事，因为这是"黑天鹅"事件嘛，企业已经遭受重创、失去未来了。从更大的格局角度来说，这么做是不给国家添乱。

第二，他把新东方学校的椅子、桌子都捐给希望小学。把全国的这些桌子、椅子卖给收废品的就可以卖8000万元，但他全捐给了希望小学。曾有人调侃他，这是在绝望中寻找希望。实际上他真的因此积累了他作为企业家的人气。

第三，他尝试过很多穿越周期的方法，比如给成人开大学，后来又自己带货，但是都失败了，他就又组织一拨人带货，这才有了董宇辉和东方甄选。

我当时说我们可以投点，为什么呢？因为其一，俞敏洪早就实现财富自由了，完全可以"躺平"了，但他还在探索新的事；其二，新东方做东方甄选，底层逻辑很顺。

新东方是中国最适合干群体带货的公司，因为20年来它一直在培训主播。上过新东方课的人都知道，新东方的每一个老师都是一个主播，几分钟讲一个段子，几分钟走一个包袱。比如罗永浩、周思成、投资公司的李峰、创办高途的陈向东等。

同时，新东方在20年内持续打造品牌，有的名师出来之后自立门户，带了一群学生离开，但新东方品牌屹立不倒。如今的东方甄选直播间上面挂了一个俞敏洪的头像，所有的主播在直播中都会说，"点俞老师旁边领券"。这些就是在打造新东方这个品牌，宣示精神领袖和图腾。

这两点其实点燃了市场共识：新东方品牌值得信赖。这就使得东方甄选出现后，新东方的股价飙升了20倍。

那么东方甄选是否穿越了周期呢？这还不一定，因为它寄生在抖音平台上，是在抖音的上升周期以及带货的上升周期出现的，它的增长来自抖音电商的快速增长，还只是在一个生发的起点，是否能穿越周期还难以预测。它面临着抖音流量的调配以及各种新进入势力的竞争，自己必须不停地培训主播、培养主播，不停地选品，向外围扩展品类，同时持续维护粉丝群。只能说，东方甄选助力新东方这个品牌穿越了一个周期。

总之，不管做投资还是做企业，都要看到世界的无序性，把握周期发展的规律，在无序中找到那个规律，穿越周期。

什么叫央行正回购和逆回购

我们在投资市场中经常会听到这样两个词："正回购"和"逆回购"。所谓正回购,指的是融入方以一定规模债券作质押融入资金,并承诺日后再购回所质押债券的交易行为。所谓逆回购,指的是资金融出方将资金融给资金融入方,收取有价证券作为质押,在未来收回本息,并解除有价证券质押的交易行为。

而央行正回购与逆回购是中国人民银行通过吸收和投放货币来调节货币政策的一种行为,是调整货币政策的一种方式。

比如,央行采用逆回购方式来调控货币流通,一般只会投放短期逆回购,比如7天逆回购、28天逆回购等。短期投放逆回购是为了帮助企业渡过资金短缺的难关,并不是为了

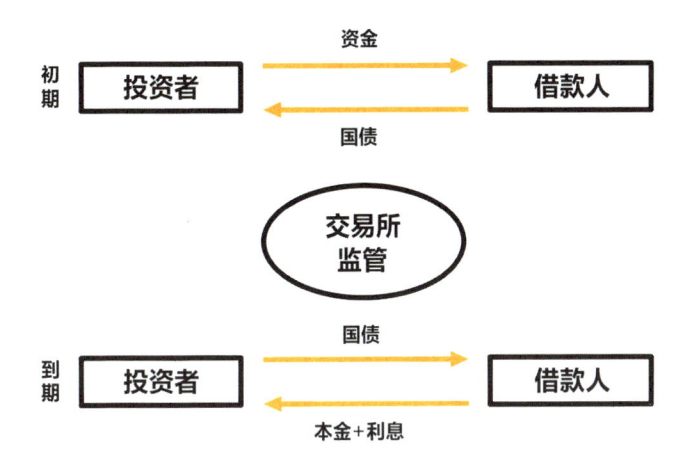

```
初期:  投资者 --资金--> 借款人
       投资者 <--国债-- 借款人

       交易所监管

到期:  投资者 --国债--> 借款人
       投资者 <--本金+利息-- 借款人
```

投放基础货币。如果投放基础货币，就会使流通中的货币增加，造成通货膨胀。

正回购与逆回购正好是相反关系，因为央行经常进行逆回购操作，下面我就给大家讲解一下逆回购有哪些作用。

1. 增加流动性

逆回购是央行投放人民币的过程，增加了市场的资金流动性，利好股市。如果逆回购资金量特别大，投资者可以考虑进场。央行逆回购一般以MLF和公开市场逆回购操作方式进行。

2022年1月17日，央行开展7000亿元MLF（中期借贷便利）操作和1000亿元公开市场逆回购操作。MLF和公开市场逆回购操作的中标利率均下降10个基点。7000亿元MLF中标利率为2.85%，期限为1年。1000亿元逆回购中标利率为2.10%，期限为7天。

由于当日有5000亿元MLF和100亿元逆回购到期，央行实现单日公开市场净投放2900亿元。

当时，实体经济整体低迷，很多企业裁员并缩减了业务经营范围，而MLF和逆回购操作利率下降，有助于扭转信贷增速下滑势头，激发实体经济贷款需求。

但是，有一点要注意，很多投资者看到利率下降10个基点，就简单地把这种操作归结为降息，这是不准确的。虽然降息可以起到释放流动性的作用，但与降息相比，逆回购操作更加温和，不会产生明显的副作用。

除了央行逆回购之外，国债逆回购我们也要重点关注。对于低风险偏好投资者来说，它是一种非常好的投资品种。国债逆回购本质是一种短期贷款，个人通过国债回购市场把自己的资金借出去，获得固定的利息收益，而回购方，也就是借款人用自己的国债作为抵押获得这笔借款，到期后还本付息。我们在股票软件里经常可以看到国债逆回购界面，因为是以国债作为抵押，所以投资国债逆回购基本没有风险。

投资者在上交所和深交所都可以参与国债逆回购，上交所和深交所的门槛是1000元。上交所和深交所都有9个逆回购品种，分别是1天、2天、3天、4天、7天、14天、28天、91天和182天。

购买国债逆回购有一个技巧，市场上经常有很多人或机构有借钱需求，通常在12月31日、春节等一些重要日子之前，需求量会更大，这时国债逆回购率就会升高，有时候可以达到3%、4%，甚至达到年化20%。2016年2月27日，国债逆回购年化利率一度飙升到30%以上。

2. 调整利率

央行逆回购操作后，原本不在市场流通的资金会进入市场流通，市场上的资金会增加，市场贷款利率就会降低，这样便起到了调整利率的作用。

逆回购有一个内在优势，即央行实施逆回购时，其回购的利率通常会比其他机构间的回购率要低，这会抑制市场回购率的上升，造成短期利率甚至中长期利率的下降。

如果逆回购和 MLF 利率降低，商业银行拿到资金的成本就会降低，它借给企业或者其他机构的成本就会更低。企业贷款成本降低，是一个大利好，投资者可以寻找机会入场。

3. 逆回购和 MLF 的区别

MLF 也是一种货币政策工具，因为它经常与逆回购一起出现，投资者有必要了解它们之间的区别。与逆回购不同，MLF 是直接通过资金进行交易的，而不是以有价证券来交易。

MLF 是央行将资金借给商业银行，商业银行再将资金贷款给三农企业和小微企业。没有这笔资金时，商业银行大多只能借用短期资金来发放长期贷款。短期资金到期之后，商业银行还需要重新借用资金，这样做会增加企业贷款成本，也存在一定短期利率风险。

而央行MLF期限相对较长，商业银行如果用这笔资金发放贷款，就不需要频繁地借短放长，这等于变相释放流动性，也降低了企业融资成本。

2022年1月，央行将MLF和逆回购利率下降10个基点，就是将短期和中长期贷款利率都下调了。如果只下调MLF利率就是下调中长期贷款利率，一般只影响居民房贷；如果同时下调短期贷款利率，就会同时影响房贷和刺激消费。

有一段时间，经济学家经常通过MLF判断市场资金流动性，如央行借给商业银行2000亿元，到期之后是继续借出2000亿元，还是只借出1800亿元？如果是借出1800亿元，就是收紧货币流动性的一个信号，会引起市场恐慌，投资者就要注意风险。

最后，央行提供流动性并不是每次都有很好的效果，逆回购操作具体能为市场提供多少流动性，流动性能够起多大作用，还需要具体观察，在没有了解透彻之前，不要盲目重仓操作。

市场决定一切，Money is OK

Money is OK！意思就是"资金就是最好的投票"，这其实是有效市场假说的一个核心。

有效市场假说，是1970年著名经济学家尤金·法玛提出的一个理论，内容是这样的：假设进入投资市场的投资者大多是理性的，并且追求利益最大化，他们都能够及时获得信息，并根据信息预测股票的未来价格走势。这就形成了一个有效市场，在这样的市场里，每只股票的价格反映的都是已经发生的和市场预计未来会发生的事情。

这个理论自出世以来一直有很多争议，因为众所周知：市场是无序的，大部分投资者都是不理性的，否则也不会有巴菲特的那句"别人贪婪我恐惧"的话了，而且获得信息的速度也有快有慢。但也有很多人证明了这个理论的正确性，因此，这个理论依然成为主流金融市场的理论框架基础。

股票价格

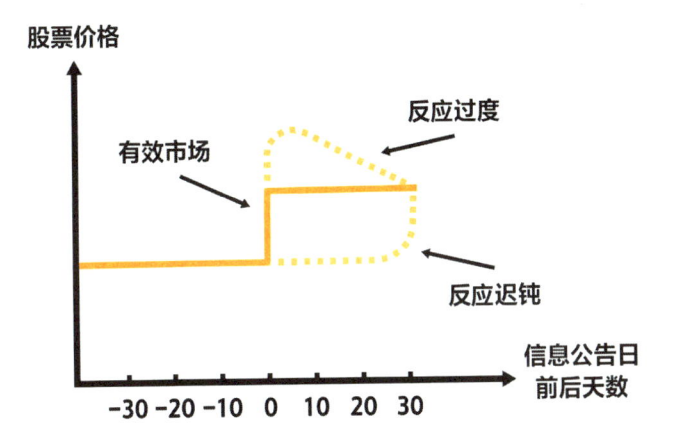

反应过度

有效市场

反应迟钝

信息公告日
前后天数

-30 -20 -10　0　10　20　30

2013年瑞典皇家科学院宣布授予尤金·法玛诺贝尔经济学奖，有效市场假说成为所有投资者投资的理论基础之一。

当一个新兴企业出现的时候，大多数投资者都会采取观望的态度，但是有些先行者懂市场、善于做理性投资，而且做了大量的研究工作，并得出结论，认为这个企业很有发展前途，就会率先入场。当入场的先行者越来越多的时候，基本可以判断这个企业值得投资。这就是"Money is OK"最简单的解读，就是大家都看好的股票，其背后的公司发展一定很好，未来可期。

对于投资小白来说，不懂行业没有关系，看龙头产业就好；不懂市场没有关系，看投资热门就好。因为市场已经替你做了选择，你只要跟风就行了。

"双减"政策出现之前,新东方的股价在40港元附近徘徊,但"双减"政策一公布,新东方的股价应声而跌,直跌成个位数,几乎相当于原来的零头。东方甄选刚出现时,虽然投资市场给予了热情,但由于直播表现不尽如人意,新东方的股价还是一直下跌。俞敏洪当时也信心不足,但给足了员工尝试的空间,直播间每年允许亏损一个亿。之后,新东方一直调整直播策略,花费了半年的时间,才获得了100万粉丝的关注。但从2022年6月份开始,从双人直播改为单人直播,很快就出现了转机。YOYO首场单人直播,大数据就出现了提升。从董宇辉做单人直播开始,直播间开启了一路开挂爆红的走势。仅仅6天的时间,粉丝数就从百万飙升至千万,东方甄选也成为抖音顶流直播间之一。因为敬服俞敏洪而一直关注新东方的投资者,也给予了较高的热情。反映在二级市场上,仅仅半个月,新东方股价就上涨了7倍。之后,东方甄选直播间一直维持着火爆的状态,股价也一直攀升。在2022年一年内,新东方股价最低时为2.84港元,最高股价是58.25港元,上涨了几十倍。

这就是"Money is OK"。那有人问:"不是说共识会推高溢价吗?当所有人都看好时,不是人性贪婪的时候吗?不应该是离开吗?这是不是和金融周期矛盾啊?"不矛盾。初期不是共识，是少数研究新东方的人的见识，他们发现新东方 20 年来一直在培训主播，而且新东方的品牌值得信赖，于是对这个公司充满信心，愿意投资。后来直播间的数据提升，给了新东方升值动能，"Money is OK"了，这时候是可以入场的。入场的投资者多，吸引了更多的投资者，流动性产生，共识出现，这时候才需要穿越周期了。

投资之前，一定要判断好是"Money is OK"，还是该穿越周期了。有效市场假说的前提是，所有投资者获得的信息都是及时的，但事实是，大量的人是跟风的。最早有见识的就能看到"Money is OK"，越晚参透的，越容易遭遇周期。

在股市里也有一些神话或者诡话，也渗透着"Money is OK"的原理。A 股经常会出现"板块异动"的现象，比如，某只股票价格忽然暴涨或者忽然暴跌。很多不懂行的投资者、游资、短线投机者会专门盯异动，因为引发异动的很可能是那些较早获得了内部消息的人。这是一场赌博，赌对了，就赚到了。所以，很多公司公告利好消息前，都严守秘密，就怕引发板块异动，一旦板块异动，企业就没法公告，因为证监会要查是否有违法违纪的事情发生。

那些"打板俱乐部"的人也会根据"Money is OK"来炒股，他们不关心公司的基本面状态如何，只看涨停，哪个涨停就买哪个，因为涨跌背后可能就有事，就赌这个事。所以，他们又被称为"涨停敢死队"。对于普通投资者来说，最怕遭遇"打板俱乐部"，在热热闹闹的涨停即将出现时，市场上鱼龙混杂，"打板俱乐部"会趁机割韭菜。

不管怎么说，对投资小白来说，如果不能判断什么时候是"Money is OK"，什么时候是要穿越周期了，那就要采取长期投资策略，看企业的基本面，投热门企业，投市场公认的未来发展可期的企业。

不是所有的房子都适合投资

除了股票、基金、期货等以外，很多人也会把房子作为投资的一种重要选择。但他们往往忽略了一点，并不是所有的房子都适合投资，所以不少人在房屋投资上不但没有赚到钱，反而还有部分亏损。

如果是以投资为目的，最好的选择是购买核心地段的房子，因为只有这种地段的房子才能真正保值甚至增值。普通地段的房子，以及郊区地段的房子，在通货膨胀开始的时候或许能够在一定程度上提升价格，但后续随着购买房屋的人越来越少，企业的资金压力越来越大，自然会做出降价的选择。而核心地段的房子一般没有这样的隐患，一方面地段本身的平均价值就已经达到了极高的水平，能够在核心地段布局房子，开发商自然实力雄厚；而另一方面，核心地段的房子，本身就是面向有钱人的，自然不会轻易降价。

以我的亲身经历为例，我之前在市区的核心地段购买了一套房子，但一直没有入住，而是委托给了物业管家将其出租出去。2022年，之前的租客离开了，后续管家也在招揽新的租客，但一直没有成功。于是，管家就跟我建议是不是要降一下租金，原本每月25000元的租金在当下的环境有些过高了，而且之前有一个潜在客户曾经和他说过，如果价格降低到19000元的话，他愿意把房子租下来。

但我没有同意管家的建议，因为我知道这个房子本身就是面向有钱人的。愿意一个月拿出2万元左右来租房子的，要么是企业的高管，有公司替他出钱租赁；要么就是富二代，有父母给买单。对于这些人来说，19000元还是25000元其实相差不大。所以，我们要做的不是把价格降低，而是应该去提升房子的价值，比如更好的装修、更好的社群导入等。有了更高的价值，我们不但不用降低，反而还可以提价。

听完我的建议之后，管家有些不明所以，但还是按照我的想法去将房租涨到了每月3万元。果然，很多人被房屋的高租金引发了好奇心，看房的人越来越多，而每次管家也会按照我的指示，细致地跟潜在客户说明房子的价值。很快，房子就被成功出租了出去。

对于这种天生就是面向有钱人的房子来说，降价反而是拉低自身价值的操作，如果有人因为价格不愿意租住或购买，只能说明房子还没有遇到合适的人。换言之，投资核心地段的房子，不要因为难以出售而选择降价，而是要等待那个有钱人出现。

当然，很多人并没有这样的定力和魄力，当市场整体出现下滑状态的时候，人们难免会产生抽身离去的想法。但越是困难，越要坚持。投资是一场关乎时间的艺术，在合适的时机，遇到合适的人，才能带来最佳的结果。

其实房地产的投资理论，在某种程度上和消费品企业发展的逻辑有异曲同工之妙。当一个消费品牌遭遇激烈的竞争的时候，我们要像投资房产一样，做对两件事情。

1. 坚持做难而正确的事情

当企业没有明确的核心竞争力的时候，不要轻易地选择降价。虽然降价非常简单，但降价之后企业想要成功会非常困难。

消费品企业想要以极致的性价比实现品牌的成功，只有一种可能，就是和周黑鸭一样拥有完善的供应链体系。但供应链是一个劳动密集型、管理密集型的生意，绝大多数人根本没有能力做成。

降低价格虽然能够在短时间内带来销量的上涨，但短时间的满足过后，企业就会发现单薄的利润空间导致他们很难实现进一步的发展。所以，我们不要轻易选择简单的事情，而是要做难而正确的事，要延迟满足。当这个世界所有人都非常浮躁，想要第二天就赚钱的时候，我们反而应该慢下来思考真正的未来在哪里。

2. 坚持打磨"美"的价值

当企业的产品和别人的产品没有本质区别的时候，出众的颜值会成为产品引人注目的关键因素。现在是一个"看脸"的时代，尤其是对于年轻的消费者来说，他们宁愿选择产品质量合格但颜值出众的产品，也不会考虑产品质量出众但没有出色外观的产品。

比如，我之前曾经提出这样一个观点，我觉得潮牌生意是一个躺着就可以赚钱的生意。因为和普通品牌相比，潮牌的设计和外观，最能够打动现在的年轻消费者。所以，即便潮牌的产品比普通产品价格更高，也依然有很多粉丝趋之若鹜。这样的生意，其实最忌讳降价，因为一旦对这个世界、这个时代妥协，在年轻人眼中，这个品牌就失去了"潮"的特性。所以，我们不难看到，即便是在疫情期间，很多潮牌也没有选择降低价格来换取更高的销量。

投资考验的不仅仅是眼光，还有人的定力。市场的下行、时代的混乱不是我们能够左右的，但如果是自己认定的正确的事情，即便再难也要坚持。因为市场会重新崛起，时代也会恢复正常，到那个时候，我们的坚持就会带来回报。

饭钱经济学和收藏理论

我在直播间经常会讲到两个理论：饭钱经济学和收藏理论。这一节我就讲讲这两个理论。

1. 饭钱经济学

很多人遇到投资机会时会纠结。

比如，有个你十分信任的人告诉你，他知道一个特别好的赚钱机会，获利可以达到百倍，他已经投了大量的钱进去。这时候，你是犹豫的，对方虽然是值得信任的，可在钱面前，所有人都会变得不靠谱儿，所以你会纠结。但就在纠结的当儿，人家果不其然得到了百倍的收获。这时候你会后悔得要死,这件事甚至会成为一个心结,过了若干年以后,再回头,可能还是一个没好的伤疤。在某个醉酒的夜晚,你会忍不住对着夜空说:"曾经有一个美好的机会摆在我的面前,我没有珍惜……"

在股市里,有人冒进,就有人谨慎。冒进不好,但谨慎过头同样会失去赚钱的机会。特别是当你收到可靠信息,或者有了明确的预判时,更应该果断。那么,怎么消除纠结呢?很简单,就当你吃了一顿大餐。当代大多数人生活水平很高,隔几天就会犒劳自己一顿大餐。吃大餐就是一场消费,花完钱就结束了,就不会有后来的故事。如果你把这顿大餐钱省下来,果断投资,没有赚就当吃掉了,赚到了,钱有了子孙后代,源源不断而来,那说起来都是美谈啊。

这就是饭钱经济学。饭钱经济学,简单来说,就是用你可以随时消费掉的几顿饭钱来做投资,让自己不纠结,还给了自己一个财富增长的机会。

对普通投资者来说,饭钱经济学非常适用。首先,你不要投入太多的钱去投资,否则伤了钱也容易伤你的根基。其次,学会调整心态,亏了,就当吃一顿饭花掉了;赚了,就皆大欢喜。

其实每个人身边有很多随手漏掉的小钱:吃了一顿网红

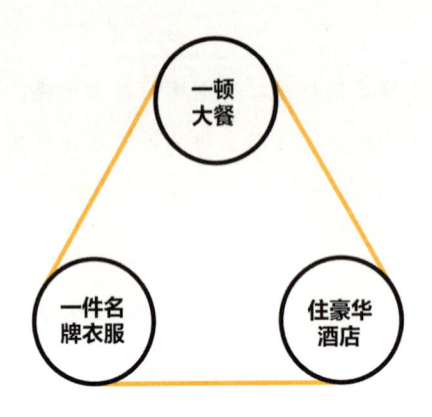

```
        一顿
        大餐

 一件名        住豪华
 牌衣服        酒店
```

大餐，买了一件名牌衣服，住豪华酒店。稍稍降低一点生活段位，把这些小钱都积累起来做投资，相当于一点点给自己打造了一个聚宝盆。

以前经常有人问我能不能买比特币，我就会给他讲这个理论。我说你都抓耳挠腮了，就买点儿嘛，反正你去娱乐场所一晚上就消费 10 万多元，如果你拿这钱来买比特币，不就不用纠结了吗？饭钱经济学满足的就是自己的一个情怀、一个欲念，让自己以后不会后悔得想撞墙。

其实即使是成熟的投资者，也很会应用饭钱经济学。

比如，俞敏洪做出将课桌捐给希望小学的决定时，就有很多投资人入场新东方,他们投的就是一种情怀,那是对俞敏洪的敬服和看好。但他们不会动用大资金,这是对自己财富的保卫。只有看到东方甄选直播间货真价实的数据后,他们才会大幅进入。

当然了,如果你吃饭是为了向上社交,那最好不要省掉。向上社交,每一步交往都会给你带来收获,而投资的结果是未知的。

2. 收藏理论

收藏理论和饭钱经济学差不多,强调的也是平和的心态。很多人购买收藏品是为了升值。但收藏品市场良莠不齐,如果没有较强的识别能力,无法确定某件收藏品是否有升值空间,这时候就会引发纠结:买下,怕亏;不买,怕错过。左右摇摆,举棋不定。

如果你换一种思路,买收藏品不是为了升值,就是为了收藏,为了满足你的爱好,那你就很容易做决断了。即使买下后没有增值,你也不会觉得亏。你愿意长期持有,经过漫长的岁月沉淀,也只当给儿孙辈们准备了一份礼物。如果能升值，那最好不过；即使不能升值，老一代的收藏品，对后辈们也是财富。

其实，真正的大古董商人，他们买下收藏品都不是为了卖，更多的是为了收藏，自己愉悦自己，所以他们会活得非常滋润。当然有了契机他们也会卖，赚升值的钱。

不管是饭钱经济学还是收藏理论，其实都是在调整投资者的心态：不要遇到一点机会就孤注一掷，不要被恐惧束缚而错失良机，让自己在闲适安定的状态下，向前迈一步去探索致富之路，吃得好，走得稳，有机会就攀升，没机会就看风景。

要防止财富灭失，
而不是关注短暂的收入减少

对于我们现在所处的市场环境，动荡已经成为主要基调，各种不可预测的"黑天鹅"事件频发。在这样的情况下，我们首先要思考的是防止自己的财富灭失，短暂的收入减少甚至没有收入，都是可以接受的。从长远来看，财富的短暂减少不会对个人的未来发展产生方向性的影响，但如果财富灭失，我们就失去了未来。

也正是因为如此，当下在使用自己的财产进行投资的时候，也要注重稳健地实现资产的保值或者增值，不要过多冒险，避免使自己的财产陷入灭失的风险当中。在这个阶段，我们的投资重点，应该放在那些发展态势良好、未来前景光明的行业和企业上。

比如，受到各方面因素的影响，2022年台积电的业务规模急剧降低，包括苹果、英伟达和 AMD 在内的主要客户，都减少了台积电的订单。这也导致了台积电股价的暴跌，在其带动下，整个台湾股市也陷入了暴跌的态势。当然，台积电的情况并不是个例，从短期来看，半导体行业已经整体进入了景气度比较差的周期，但从长期发展的角度考量，半导体行业的未来发展前景依然光明。

除了行业发展趋势良好的企业以外，类似苹果这种拥有定价权的公司，也是现阶段可以优先选择投资的。拥有定价权的公司，可以通过提高产品的价格，来抵消上游原材料涨价带来的不利影响。在屏幕、芯片等配件价格普遍上涨的大环境下，2022 年苹果推出的新品 iPhone14 系列，最高版本定价涨到了人民币 14000 元，有效地保证了利润率。

在实际的投资过程中，在做出选择之前，我们需要综合考量很多不同的因素，比如对政策的综合分析、专家和机构的预测、历史的佐证等。

1. 对政策的综合分析

市场的发展始终会受到政策的影响，某个行业或企业未来发展的前景如何，很多时候都和政策有关。

举个例子，现阶段国内市场受到强政策的支撑，所以不同于不断下行的美股，A股的走向呈现出了截然不同的差异化走势。但可预见的是，未来国内的强政策会逐渐减弱，相关行业和企业的发展也会受到影响。

虽然国家发布的绝大多数政策都是长期有效的，但我们现在正处在一个新旧商业时代交替的关键时期，政策的变化也比过去频率更高、幅度更大。因此，我们更要关注政策的调整和变化，以便更好地适应，调整自己的投资选择。避免因为政策的变化，导致自身的财富灭失，就像当初教育培训行业转型，很多人也因此投资失败一样。

2. 专家和机构的预测

关于市场的走向，很多专家和专业的机构会进行预测，这些人不是有丰富的投资经验，就是有强大的数据技术支持，所以他们的预测很多时候是能够帮助我们做出选择的。当然，不同的专家和机构做出的预测有时也会有些出入，所以我们还是要综合分析。

美国有一位知名的经济学家努里尔·鲁比尼，因为曾经成功预测了2008年的金融海啸，而被很多人称为"末日博士"。现阶段鲁比尼认为美国经济正走向一场严重的衰退，这场危机有可能导致股市再跌50%。为此，他批评了美联储提出的"经济会软着陆，美国的经济不会出特别大问题"的说法。

同阶段，国内主流机构对于美国经济的看法，和鲁比尼的认知有一定差异。比如中金公司（中国国际金融股份有限公司）就认为美国经济依然会继续下行，但股指的跌幅大概在15%～20%。到2023年的年终，美股市场才有可能会出现企稳，在此之前都是震荡下行的状态。

一般情况下，专家和机构的预测在大方向上不会有太大的出入，只是在一些具体的指标上会有不同。如何具体地把握，我们还是要根据实际的情况自己衡量。

3. 历史的佐证

当对政策的分析、专家和机构的预测都不能让我们对未来的市场走向有一个明确的把握时，我们就可以回顾历史，从过去的市场变化中找寻可以借鉴的经验，来佐证现在的选择。

还是以对美股的预测为例，从美国股市发展的整个历史来看，美股现阶段只是稍微低于历史平均水平，发展态势还是在可控的范围内。更重要的是，目前世界范围内优秀的公司和优秀的企业家基本上还集中在美股，集中在纳斯达克。包括像巴菲特这样的投资专家，现在也在不停地收集苹果的筹码，原因就在于他认为美股不会有太大的风险。

综合以上历史因素，我们有理由相信现在美股的估值还是比较合理的，即便是下跌，跌幅也会控制在15%～20%的正常范围内。像鲁比尼所说的大崩盘，大概率不会出现。

之所以要以史为镜，是因为我们的判断会被很多指标和很多人的观点干扰，过去的经验会帮助我们判断自身选择的合理性，避免做出错误的选择，甚至避免导致财富灭失的结局。

PART 3.

市场
信息池

股市的本质就是信息战,你构建了自己的信息优势,就可以让自己八面玲珑,认真向外看,积极向上走。

为什么不建议盯盘

开盘时间内,股票价格每时每刻都在发生变化,投资者想要掌握自己所持股票的动向,就需观察、分析股市行情有哪些变化,这个过程就是盯盘。

盯盘需要关注的指标有开盘价格、收盘价格、盘中走势、挂单价格、挂单数量、成交价格、成交数量等。盯盘与否完全属于个人习惯,但除非是职业人士、超短线投资者,对于其他大部分普通投资者,我是不建议盯盘的,主要有以下三点原因。

1. 影响操作

(1) 盯盘会放大自身弱点

很多投资者都有这样的弱点:心态浮躁、缺少执行力。

心态好坏完全取决于行情的好坏，行情好就高兴，行情差就低落。一旦心态很差，盯盘时看到盘中出现亏损，有些投资者很可能会沉不住气，直接割肉止损。或者看到开盘指数上涨，个股涨势很好，就马上追进去，最后高位被套。

通常在操作一只股票前，投资者应该先做好进场、离场计划。可是很多投资者不但没有做到这一点，更严重的是，即便做了计划也没有按计划执行，比如在看到盘面变化时便乱了方寸，开始犹豫不决，将计划全都抛诸脑后。

比如，本来已经计划好，关注的股票出现下跌就直接进场。可是，当看到它真的大跌时，就会变得犹豫，担心后面涨不起来。于是便决定再等等，等到跌得更低一些再进场。可很多时候，等来的不是股票的继续下跌，而是反弹上涨，低位不再，机会就这样错过了。

计划再好，不去执行，都是空谈。如果不进行长时间盯盘，投资者就可以在很大程度上忽略掉盘中某些波动变化，从而避免错误操作。

（2）盯盘可能会起到反作用

盯盘会使一些投资者视野变窄，从而过分关注个股短期行情，频繁短线操作。频繁短线操作会严重影响自身收益，当行情好时，这种操作不容易抓到大行情，最多赚些小钱；而当行情差时，这种操作则会导致亏损，操作次数越多亏损越多。所以，如果不是想要卖掉某只股票，盯盘基本上就没什么意义。

2. 浪费时间

股票的交易时间是周一至周五，上午9：30～11：30，下午1：00～3：00，每天4个小时，这些时间恰好都是白天工作的黄金时间。如果长期盯盘，无异于浪费了大半工作时间。

另外，盯盘时看着股价上下波动，必然让人劳心费神，如果盈利了还值得，万一亏损了难免会让人沮丧懊恼。而且，盯盘也会影响本职工作的效率，进而影响工作业绩。工作业绩变差，生活质量也会受到不同程度的影响。

投资是为了让生活变得更好，而不是让它影响你的生活。所以，普通投资者没有必要每天盯盘，浪费自己宝贵的时间。

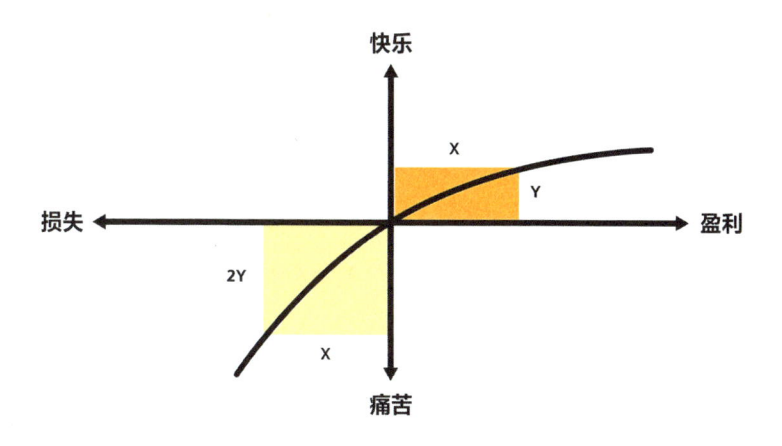

3. 影响长线投资

对于普通的投资者来说，长线投资更容易盈利。所以，要学会忽略短期的波动，掌握大趋势，跟随大趋势，才能获得大成功。

一般来说，新兴的朝阳行业、有长期增长势能的行业以及能够穿越周期的行业，才具备长期上涨的趋势。所以，没有必要在下跌趋势中去博短线，更没有必要在一个夕阳行业里胡乱折腾。

比如，新能源行业是具有确定性的发展大方向，长期持有宁德时代和比亚迪的股票就是一个不错的选择。尤其是宁德时代，它的地位很稳固，哪怕其他公司有新技术出现，都很难打败它或将其替代。

当然，想做到长期持有一只股票并没有那么简单，尤其是对于长期盯盘的投资者来说。因为在盯盘的过程中，很有可能会遇到价格回调，这时候如果沉不住气就有可能卖掉了。

做中长期投资的投资者就如同一家公司的中高层领导，要掌控的是大方向，以长期趋势为主，忽略次要的短期走势，只需要关注重要价位和关键走势即可。

投资虽然关乎我们的切身利益，但毕竟也只是投资，不是生活的全部。投资重要，工作和生活更重要。所以，没必要每天花费很多时间来盯盘，只要不偏离大趋势，把握住大方向就可以了。**该出手时就出手，该休息时便休息，投资才更容易无往不利。**

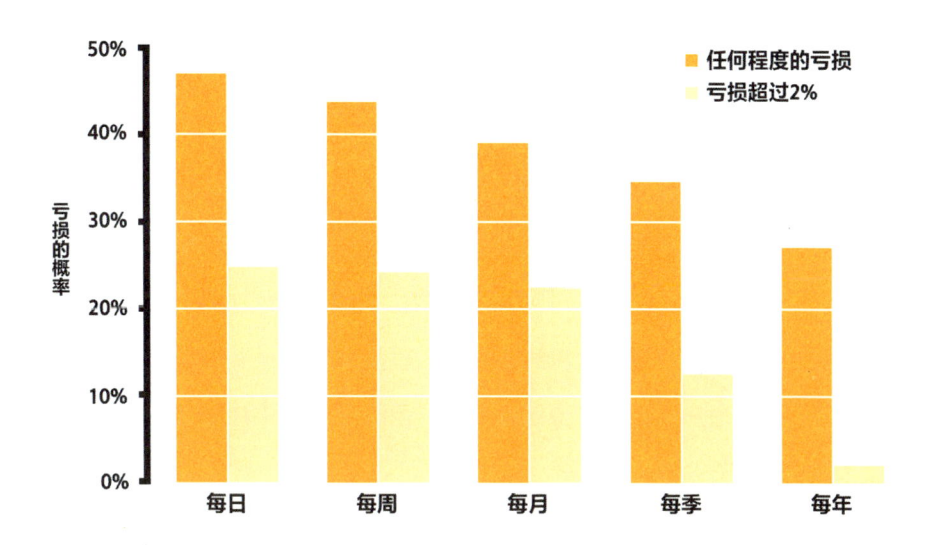

	每日	每周	每月	每季	每年
任何程度的亏损	47%	44%	39%	34%	27%
亏损超过2%	25%	24%	22%	12%	2%

亏损的概率

不能让数据遮掩自己的双眼

不知道从什么时候开始,我们的生活已经被大数据包围。当我们打开手机翻看资讯或新闻的时候,会发现页面上显示的都是自己感兴趣的内容。事实上,随着互联网技术的发展,我们已经进入了大数据的时代,很多企业会利用大数据技术分析用户偏好,实现精准营销。但现在,这种时代似乎正在一去不复返。

从目前来看,无论是国内还是国外,对个人隐私数据的保护都在变得越来越严密。严格来讲,企业收集用户数据的行为,在某种程度上既违反法律,也违反道德。所以,Facebook和Google等互联网平台,正在逐步取消利用大数据精准投放广告的服务。平台的转变,导致整个市场回归了广告铺天盖地投放的时代,企业的营销宣传成本也因此大幅提升。在这种情况下，很多小企业在宣传战中落了下风，而很多大公司却凭借雄厚的资金再次崛起。

在当今这个时代，能否掌握足够多、足够准确的数据，直接影响着企业的未来发展。对于很多投资者来说，数据也具备同样的重要价值。现在有不少投资者会通过分析数据，来保证自己做出正确的判断。

举个简单的例子，过去我们去超市的时候，会发现饮品区货柜的正中位置摆放的都是可口可乐、百事可乐、农夫山泉、娃哈哈等，而现在，同样的超市，同样的货柜上，各种无糖类的苏打水、气泡水开始占据第二层、第三层的中间位置。从这种变化当中，我们不难分析出无糖苏打水、气泡水已经成为市场和消费者的新宠，是值得投资的产业。

利用数据分析来佐证自己的判断，其潜台词是我们相信数据是不会说谎的，但真的是这样吗？实际上并非如此，很多时候我们反而容易被数据蒙蔽双眼，做出看似理性、实则缺乏全面考虑的决定。之所以这么说，主要有两个原因。

1. 数据是客观的，但数据分析始终是主观的

数据本身是无法证明或证伪的，真正影响我们做出判断的，是我们基于数据所做出的分析。但正如"一千个人眼里有一千个哈姆雷特"，即便是面对同一家企业的数据，由于认知方式的不同、理解逻辑的区别，我们仍然会做出不同的判断。数据是客观的，但数据的分析始终是主观的，即使是通过数字化工具进行分析，也难免会带入软件开发者的个人倾向，或者算法自身的技术倾向。而一旦涉及主观因素，难免会出现错误的分析结果。

举个简单的例子，现在很多爱美的女孩子都喜欢佩戴美瞳类产品，而美瞳产业正处在快速发展的阶段。从2015年到2020年，国内美瞳类产品的销售额年均增长41%以上，2020年全年仅中国市场，美瞳类产品销售额就已经达到200亿元。从整体的数据来看，有人认为，美瞳是非常优质的增量市场，是值得投资的新兴产业。但也有人认为，美瞳产品医疗器械的属性，未来可能成为束缚行业发展的潜在因素，野蛮生长的背后可能存在不确定的风险。

同样的数据，得出的评判却截然不同，归根结底是每个人认知世界、分析事物的方式存在差异。诚然，我们需要通过分析数据，来了解一个行业或者一个企业的发展前景，但同时，我们也需要另外一些辅助的信息，比如市场的反应、对政策的解读等，才能更加全面地进行分析，了解数据背后的"真相"。

2. 企业披露的数据，可能只是冰山一角

虽然上市公司有披露经营数据的义务，但即便如此，企业所披露的数据也只是经营过程中的冰山一角，难以全面反映企业的发展态势。

比如，很多企业的财务报告，从业绩和利润的增长来看数据非常美好，但实际上其中还包含资产售卖、政府补贴等非主营业务所带来的收益。扣除非主营业务带来的收益之后的数据，才是企业真正经营状态的展现。但很多时候企业并不会把所有的数据都放在纸面上，这就对我们的分析结果产生了不利的影响，使我们容易形成错误的判断。

统计学原理告诉我们，统计的样本越多，最终的结果越接近正确答案。数据分析其实也是同样的道理，当我们无法获得全方位的数据作为分析对象时，最终的结果也难免走向错误的方向。这也是我们在谈论数据时，总是会强调"大"数据概念的原因。

其实本质上数据分析的方式和方法都没有错，错的是我们把所有的目光都集中在了数据上。确实，在这个时代，数据的价值不容忽视，但数据不能代表一切。毕竟企业的发展是向前的，而数据是滞后的。用过去的数据来分析未来的发展，本身就存在失误的隐患。

总而言之，我们需要数据分析来佐证我们的判断和选择，但同时也要意识到，数据之外还有其他很多需要我们关注的内容，不能被数据遮蔽双眼，只有内外结合，才能做出准确的投资判断。

升准、降准到底是怎么回事

升准、降准针对的都是中央人民银行（简称央行）法定存款准备金率。存款准备金是金融企业为应付客户提取存款和资金清算而准备的货币资金，法定存款准备金率是现代各国中央银行进行宏观调控的三大政策工具之一。升准，全称为中央人民银行调高法定存款准备金率，由中国人民银行调整并发布，降准则相反。央行调低法定存款准备金率，会造成准备金释放，为商业银行提供新增的可用于偿还借入款或进行放款的超额准备，以此扩大信用规模，刺激经济的繁荣。

通俗地说，所有商业银行，如工商银行、建设银行等必须在央行存一笔资金留作备用。如果商业银行自身的资金不够了，就可以使用这笔资金供个人、公司或其他机构提取使用，这就是存款准备金的作用。

升准、降准在具体使用的过程中，可能会对市场各个方面都产生影响,如对企业经营、楼市、股市以及个人等。但是,无论对其他方面有怎样的影响,升准、降准的最终目的只有两个:防通胀和保增长。

1. 防通胀

通货膨胀相信大家都不陌生,因为经常会在各种媒体上听到这个词。一般来说,通货膨胀是指货币供给大于货币实际需求,导致货币的购买力不断下降,物价普遍上涨,企业资产缩水,上班收入减少,进而引发企业倒闭、大众失业等一系列问题。

通货膨胀看起来很吓人,但只要在可控范围内,对大部分人是没有太大影响的。而且,**温和的通货膨胀可以刺激消费**,消费可以带动企业扩大生产,扩大生产可以带动就业,这是一个良性循环。但如果通货膨胀超过了一定的界限,上面提到的一系列负面影响就有可能发生了。

那么,该怎样抑制过度的通货膨胀,或者如果已经发生过度的通货膨胀,应该怎么办呢?答案是升准,即实行紧缩性的货币政策,让市场上的资金回流到央行。

值得注意的是，并不是所有国家都能用这个手段调控经济，比如美联储、欧洲央行、日本央行等，因为它们的准备金率已经降无可降，再降就是负数了。甚至还有一些国家已经没有存款准备金率这个概念了，比如英国、加拿大、澳大利亚、新西兰、瑞典等国已经彻底取消了存款准备金率的规定。在投资的时候，希望大家不要忽略这一点。

2. 保增长

如果没有通货膨胀的问题，那么市场就要以保增长为目的，这时候需要释放流动性，以大量资金促进经济增长。保增长需要增加市场的存量资金，使用扩张性的货币政策，即降准。

比如，2021年7月的一次降准，央行决定下调金融机构存款准备金率0.5个百分点，这项举措将向市场释放约1万亿元资金。当时，整个市场预料到会降准，但没预料到降准力度这么大，因为当时市场的流动性比较充裕，甚至部分行业的原材料价格出现了不同幅度的上涨。

为什么央行降准的力度如此之大呢？我们事后分析，就会发现其中原委。当时,因为受到全球流动性增加的影响,很多原材料成本都出现了不同程度的上涨,结果导致很多小微企业的经营成本不断上升,利润不断压缩,行业利润降低,使小微企业融资的难度和成本全部上升。

还有一点,降准释放出来的资金没有成本,零成本降准可以降低银行的负债端成本,那一次降准就有效减少银行130亿元左右的资金成本。降低的成本可以有效地传导到小微企业的融资成本上面,从而降低小微企业的融资利息。

解决了小微企业融资问题,经济自然有了增长动力。

3. 停滞性通货膨胀

停滞性通货膨胀,简称滞胀,在宏观经济学中,特指经济停滞、失业及通货膨胀同时持续高涨的经济现象。那么,当一个国家既有通货膨胀压力又有经济增长压力,升准和降准起了冲突的时候,应该怎么办呢?

20世纪70年代,美国就出现过这种情况。美国当时的经济背景不容乐观,科技发展正处于低潮,出口贸易份额下降,实体经济缺乏增长点。经济状况本已很难，但美国政府仍然频出庸招，使用扩张性财政政策和处于转型期的货币政策。这样做不但没有刺激经济增长，反而火上浇油，造成了极为负面的影响，美元持续贬值、粮食紧缺、大量企业倒闭、工人失业、经济增长停滞等状况接连发生。在整个滞胀期间，美国股市严重低迷，经过了漫长的六轮调整。

这时候，单纯的降准、升准政策已经没有效果。后来美国采用的办法是调整结构性财政政策。这种办法最终见效，从1983年开始美国经济恢复增长，并很快达到高峰，结束了历时13年的经济滞胀周期。

升准、降准对市场的影响巨大，甚至可以直接扭转市场的走向。因此，投资者在做投资时要做到顺势而为，这个势就是国家的整体经济形势。降准、升准是基调，是我们判断市场整体经济形势的重要指标，处在市场中的人，必须紧密关注相关信息。

PMI 指数非常重要

PMI 指数，又称采购经理指数，是国家统计局根据企业采购经理月度调查结果进行统计汇总，编制而成。

国家统计局通过非定量问卷形式，采用抽样方法发放调查问卷，这些公司会根据新订单、生产、从业人员、供应商配送时间、存货、新出口订单、采购量、产成品库存、主要原材料购进价格、进口等维度（这些维度是 PMI 指数的各项分类指数）做出判断。比如，当月指数对比上个月是上升、不变还是下降，然后按照一定计算方法进行综合计算，得出来的结果就是 PMI 指数数据。

PMI 指数数据主要分为制造业 PMI 指数、服务业 PMI 指数（非制造业 PMI 指数）和综合 PMI 产出指数三大类。PMI 指数以及它的各项分类指数，如新订单数据、原材料库存数据等，均是每月发布一次，由国家统计局在当月的最后一天公布数值。

一般来说，分析PMI指数时，要结合国家经济的特点，这样分析出来的结果才会更加准确。

比如德国，它是一个制造业强国，那么在德国，制造业PMI指数就会比服务业PMI指数更具有参考性。

希腊正好相反，是个典型的以服务业为主的国家，它工业基础薄弱，制造业相对弱势，而旅游业却非常强势，是其经济支柱。那么对希腊而言，服务业PMI指数就比制造业PMI指数更具有参考性。

我国也是一个制造业强国，相对来说，在我国，制造业PMI指数比服务业PMI指数要更准确一些。

PMI指数调查范围非常广泛，几乎涵盖公司采购、生产、流通等所有环节，而且每项PMI指数均能反映出公司经营生产活动的现实情况，政府部门、经济学家等都会根据PMI指数进行研究和解读。

所以，投资者也要重视PMI指数，在买入某只股票前，可根据PMI指数数据，分析它所在行业的情况，再行操作。一般来说，PMI指数在做股票投资时主要有以下两种作用。

1. 预测经济

　　PMI 指数数据在发布时间上，超前于政府其他部门的统计数据。比如，PMI 指数是按月度发布的，而国内生产总值（GDP）数据是按季度发布的。而且，PMI 指数不但调查范围广泛，更可以反映出一线人员第一时间对公司运行情况的判断。因此，分析制造业 PMI 指数的走势，可以帮助投资者对公司运行情况进行预判，然后根据公司情况来预判整个行业。所以，PMI 指数具有先导性，它是市场监测经济运行的及时、可靠的先行指标。

　　PMI 指数以 50% 为荣枯分界线，当 PMI 指数大于 50% 时，说明经济在扩张；当 PMI 指数小于 50% 时，说明经济在收缩。PMI 指数越大通常代表经济越好，当然如果太大也不好，比如，PMI 指数持续高于 55%，就代表经济过热，而低于 40%，则有萧条的风险。

　　还有一点需要注意，PMI 指数是一个相对值，不是绝对值，不能横向对比。比如对中、美、日、韩的 PMI 指数做对比，就没有实际意义，只有从时间维度进行分析对比才有重要价值。

　　PMI 指数已经是国际通行的宏观经济监测体系，它对国家

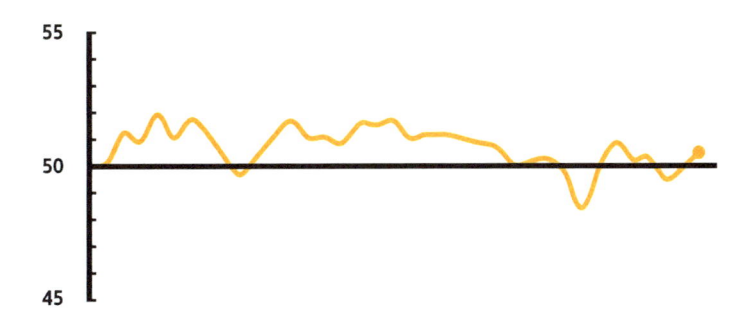

经济活动的监测和预测具有重要作用。所以，投资者在判断国家整体经济形势时，不要忘记参考 PMI 指数。

2. 分析行业

制造业 PMI 指数可以反映全国制造业生产经营的景气水平，而 PMI 各项构成指数可以精细化地反映出公司生产、经营、销售等重要环节的实际情况。因此，投资者可以通过各项 PMI 分类指数，从不同方向判断公司的实际经营状况。

比如，2022 年 11 月，制造业 PMI 指数为 48.0%，比上月下降 1.2 个百分点，低于临界点，表明制造业生产经营景气水平较上月有所下降。

大、中、小型公司PMI指数分别为49.1%、48.1%和45.6%，比上月下降1.0、0.8和2.6个百分点，均低于临界点，表明这些公司生产经营压力变大。

生产PMI指数为47.8%，比上月下降1.8个百分点，表明制造业生产活动继续放缓。

新订单PMI指数为46.4%，比上月下降1.7个百分点，表明制造业市场需求持续回落。

原材料库存指数为46.7%，比上月下降1.0个百分点，表明制造业主要原材料库存量有所减少。

投资者知道新订单、原材料库存等PMI分类指数后，对相关公司和行业就会有更加详细的了解，这非常有利于提高自身判断的准确率。而且不仅投资者，一些公司自身也会根据这些数据来确定采购与制定价格的策略。

此外，对于我国来说，根据发布机构的不同，除国家统计局发布的PMI指数，还有一个非官方的PMI指数——财新PMI指数。

二者最重要的区别是，调查样本的偏向不同。前者调查样本中大公司、国企更多，所以数值所反映的信息更能体现大公司、国企的经济景气程度；而财新PMI指数的调查样本更偏向于中小公司、民企，所以数值所反映的信息比较偏向中小公司和民企。投资者在查询PMI指数时，要注意加以区分，不要弄混。

PMI指数数据是一个非常重要的参考，可以为我们提供投资方向，通过分析公司、行业的发展变化，投资者可以更容易地把握制造业和服务业总体趋势，进而增大盈利的概率。

股市里的情绪反应

股市也和人一样，是有情绪的，因为投资人的贪婪、恐惧最后会映射到股市里，从而出现相应的情绪反应。

情绪是价值的延伸。什么意思呢？我们前面讲述的穿越周期、短线炒作，依据的都是股市的情绪反应，在大家贪婪时我恐惧，在大家恐惧时我贪婪，情绪成为投资的依据，成为认知碾压的预判基础。

我认识一些普通投资者，在进入市场之前，他们狠做过一番功课，看公司基本面、学蜡烛图技巧等，然后信心满满地入场了；但股市一动起来，他们就一头雾水，什么理论都不好使了，看到红的就想追，看到绿的就想跑。为什么会有这种情况呢？因为他们做的所有功课其实都是静态的，没有考虑到市场的情绪。市场是动态的，情绪是推动市场变化的

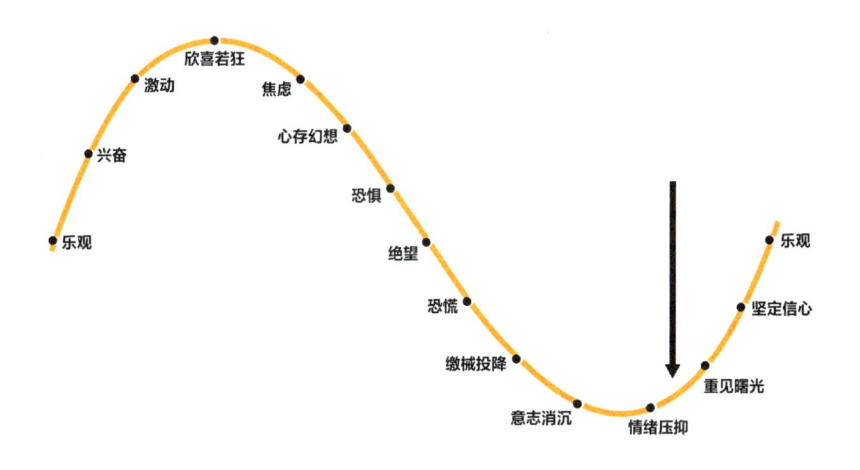

乐观　兴奋　激动　欣喜若狂　焦虑　心存幻想　恐惧　绝望　恐慌　缴械投降　意志消沉　情绪压抑　重见曙光　坚定信心　乐观

条件之一。纸上得来终觉浅，绝知此事要躬行。

如果你认定了要在股市里赚到钱，你就得学会在泡沫里游泳，享受在泡沫膨胀过程中，通过看股市情绪来赚钱。

1. 股市情绪的底层逻辑

那么，怎么看股市情绪呢？其底层逻辑就是使用我说的周期理论。

举个例子，如果某个个股或者某个板块连续多天出现强力下跌，这时股市表现为极度的恐惧，投资者大幅抛出手里的筹码，在盘面上表现为：卖盘强势，接盘无力。你要是跟着情绪走，就容易慌不择路，遭遇踩踏。这时候股市是极其冷酷无情的，到处都是痛苦哀号。

但情绪是有周期的，只要公司的基本面没有完全崩坏，能持续经营下去，能持续获利，那股价就不会无限制地下跌。

跌到一定程度后，会有人出现来抄底，抄底的多了，共识又一点点建立，股市情绪就会慢慢安定下来。这就像冬去春回，东风一来，万物都开始蠢蠢欲动。此时的股市极为多情，有人加热，它就愿意沸腾。看好的共识越多，股市就越躁，带着一干投资者冲向新的高峰。这时候买盘强势，卖盘消失，股市表现为极度的贪婪。它把所有想坐车的都带到巅峰，然后撤了天梯，悄然离开。又一轮新冬季就这样开始了。冬天来了，万物冬眠……

股市的情绪通常都会经历一个大喜大悲的轮回，从一个极端走到另一个极端，和游乐园的海盗船一样，来回摆荡。股市不休，情绪不止。

2. 利用股市情绪赚钱

股市情绪既然有周期，那利用股市赚钱就变得有迹可循了，这里提供几个小技巧。

（1）反共识

A股短线操作里有一种经典模式，叫作"无恐慌，不开仓"。它执行的其实就是巴菲特说的那句名言："别人恐慌时我贪婪，别人贪婪时我恐慌。"也就是我前面说的反共识。

反共识需要超强的认知判断力，毕竟所有人都想抄底、逃顶。哪里是底，哪里是顶，没有人次次都能判断准确，但经验可以帮助人提高反共识的判断力。

（2）找到引发情绪的主因

引发情绪的主因决定着情绪的周期极点会到哪里。

举个例子，有些板块的情绪感知力特别强，一有风吹草动就会有大幅度变化，比如新能源。如果其本身没有任何利空，只是受大盘恐慌情绪影响而导致下跌，那它的情绪周期不会很长，下跌量不会太大，情绪好恢复。这时候早进入比较好，因为共识一旦出现，会激发很多人的购买热情。

这就和哄女朋友一样，你首先得知道女朋友为什么生气了，再哄才会有着力点，如果你一味地"我错了""我错了"，但你又说不出哪里错了，那只会惹得女朋友更生气。

最后还是要重复那句话，"纸上得来终觉浅，绝知此事要躬行"。如果你执意要赚股市的钱，那你就多在股市里"享受"几个周期，颠簸能让你上吐下泻，也会教你御风而行。当然，如果你实在认知乏力，那咱还是尽早撤吧。外面的光耀那么足，晒晒太阳不好吗？

低估值陷阱

低估值陷阱，是指一家公司的实际估值水平已经被重新定义，投资者却仍用以前的估值水平去判断其价值。

一些投资者认为，一家公司的估值越低，其股价未来上涨的空间就越大。所以，他们便会专门按照这种低估值策略去选择股票，认为这些股票风险小、收益大。但是，并不是所有的低估值股票都值得购买，估值低也并不意味着未来会上涨，只有实实在在的好业绩才是股价上涨的支撑。所以，如果没有调查清楚公司估值低的原因，便贸然进场，投资者很可能会陷入低估值陷阱，出现亏损。

比如，某家企业的价值被低估，根本原因是其所在行业的生态出现了问题，那么这家公司的股票即便再低也是陷阱，曾经的诺基亚、柯达公司等便属此列。

但是，如果某家公司因遇到行业周期而导致股价变低，那么等到未来其业绩重新增长时，股价就有可能迎来上涨。所以，这种情况下的被低估便是很好的买入机会。比如，鸡蛋、猪肉行业，虽然会因为行业周期变化而出现价值被低估的情况，但在周期过后，相关企业会再次复苏。

什么是陷阱？一个上面覆盖了伪装物的坑就是陷阱。如果大家没有提防这个伪装物，踩在上面就会掉到坑里。那么，我们该如何识别市场中的伪装物，以避免掉入低估值陷阱里面呢？投资市场上的"伪装物"通常有以下三种。

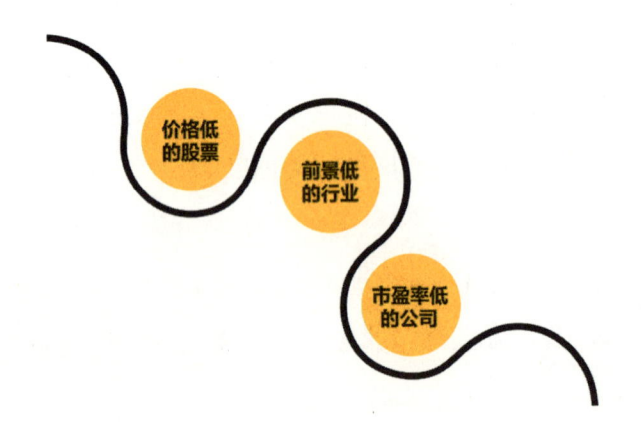

- 价格低的股票
- 前景低的行业
- 市盈率低的公司

1. 价格低的股票

价格低的股票可不可以买？当然可以。但是，在买之前，对于公司、行业的动态要有一个深度调研才行。

有的投资者经常说："这家公司当前的估值已经处于历史低位，估值底已经来了。"但是，处于低位，并不代表有价值，价格处在历史最低位不一定是历史最低估值，它未来可能还有更低的估值，千万不要盲目参照历史低位。

我们买一个公司的股票，理由应该是这个公司有发展潜力，绝不是因为它的股价低。而一个公司的发展潜力是由两个因素决定的——行业前景和自身实力。只有清楚了解公司的最新动态、业绩状况、财务状况等信息，才能知道它是否有前景，是否有实力，进而才能辨别它是否真正有潜力。

所以，不要看到公司的股价低就买，还要看它的实际发展情况。

2. 前景低的行业

随着社会的进步、科技的发展，很多新兴的高盈利行业会不断出现，同时一些落后的、常年亏损的行业也开始逐渐败落。在一个行业中，如果出现了大部分公司业务规模不再扩张、净利润逐渐收窄、营业收入逐步下降等情况，那么这个行业就已经非常危险了。如果得不到有效改善，行业中的大部分公司便会出现亏损、裁员、自救重组、被并购等现象，直至最后慢慢消亡。

在这个过程中，由于很多公司会失去长期业绩发力点，股价会逐步变低，如果你贪图便宜购买了该行业公司的股票，就等于掉入低估值陷阱。

3. 市盈率低的公司

一家公司合理的估值定价应该是动态的，可高可低。有些公司以前的市盈率是20倍，未来可能是15倍才合理；而有些公司以前的市盈率是30倍，未来可能是50倍才合理。其中的差距，主要取决于公司自身的经营发展和整个行业的前景预期。

通常来说，一个公司的市盈率在14倍以下为低估值，其股价可能被低估，有上涨空间；在14～20倍之间为正常值，在合理范围内；超过20倍为高估值，其股票价格可能存在较大泡沫，风险性较大。

在宏观经济扩张期，行业景气度提升后的一段时间内，一些股价在高位的周期股，尤其是那些股价已经大幅上涨后的周期股，其市盈率也会很低。

比如，钢铁、煤炭、水泥、地产等行业的一些公司的盈利状况非常好，每股净利润也非常高，它们的市盈率看起来就会非常低。

这看起来非常好，但是股价那么高，很有可能存在低估值陷阱。一旦买入，就可能被套在高位。还有银行板块，市盈率常年很低，股价也非常低，分红率还高，在一些投资者看来简直就是价值投资的首选标的，但也要思考一个问题，那就是股价低，必然是有原因的。

2022年7月，央行公布了社融数据，6月社会融资规模增量为5.17万亿元，比上年同期增长了1.47万亿元。社会融资总额超预期，市场上贷款的人和机构多了，利好银行板块，如果此时买进，大概率是亏着出来，因为银行股没有实质利好，都是短期上涨。

如农业银行、工商银行等银行股，虽然有分红，但是股价复权后，就会发现其实没怎么涨，甚至有的银行股价还下跌了。

股价估值体现了投资者对国家宏观经济、市场行业和公司未来发展的预期，历史估值仅代表过去。一个公司过去好，不代表未来也好，其未来的估值如何，只有根据当下的实际情况才能做出准确判断。

"有效市场假说"和"博傻理论"

在投资的过程中,无论是所谓的内部消息,还是市场的共同认知,都有可能是假的。想要理解这个说法,我们首先需要说明"有效市场假说"和"博傻理论"这两个概念。

1. 有效市场假说

有效市场假说(Efficient Markets Hypothesis,EMH)是由美国著名经济学家尤金·法玛(Eugene Fama)于1970年提出并深化的。有效市场假说认为:"在法律健全、功能良好、透明度高、竞争充分的股票市场,一切有价值的信息已经及时、准确、充分地反映在股价走势当中,其中包括企业当前和未来的价值,除非存在市场操纵,否则投资者不可能通过分析以往价格获得高于市场平均水平的超额利润。"

在现实当中，很多人会被所谓的内部消息打动，然后做出相应的投资选择。但其实只要认真思考一下就会发现，作为一个普通人，你自己或者你身边的人，如何能够得到企业的内部消息呢？这其实就是有效市场假说想要说明的，所谓的内幕消息，大多数时候可能都是假的。所以提醒大家，千万不要把一个新闻、一则消息作为买卖股票的依据，你以为自己进行了深入的研究，但实际赚钱的概率和黑猩猩扔飞镖命中的概率相差无几。

强有效市场：所有信息（包括内部信息）

半强有效市场：当前公开可得信息

弱有效市场：历史信息

比如，很多人抄底中概互联，不是因为看好中概股，而是因为看到了查理·芒格（Charlie Munger，美国投资家，沃伦·巴菲特的黄金搭档，伯克希尔·哈撒韦公司的副主席）抄底的新闻而跟风。这些跟投的人，其实都是认为芒格抄底、段永平抄底代表中概互联已经到了应该抄底的阶段，但实际上这并不是最佳的时机。

在之前的内容中，我们也曾经分析过，在政策没有发生方向性转变，滴滴退市事件尚未靴子落地之前，中概股大概率还是会继续保持下跌的态势。中概互联其实也是同样的道理，我们合理推测，横盘一段时间后很多人会支撑不住，因为散户和投资大佬的资金体量差异太大，抄底的逻辑也截然不同。

市场是不会说谎的，对于一只股票来说，涨或者跌必然有其中的道理。比起听信所谓的"内部消息"，还不如去根据市场的真实反应做出判断。

举个例子，某企业能够长期保持万亿元体量，从某种程度上意味着市场已经认可了该企业是一家优秀的企业。而对于这种优秀的企业来说，在一个平静市场上是没有机会的，所以，理性的投资人会选择耐心等待。

而之后，该企业因为某些问题遭到处罚的时候，说明市场充分认识到了它的问题，而股市也迅速做出了反应，该企业的股价出现了下跌的状况。再之后，处罚结果出台，靴子落地，该企业也迎来了新一轮的大涨，这是因为市场已经意识到该企业过去被严重低估。这个时候是选择抄底的最佳时机。

在开放市场当中，几乎所有的信息都是透明的，当某些良性或恶性事件发生的时候，市场会迅速地做出反应，股市也会相应地出现波动。与其相信那些不知真假的"内部消息"，从市场的真实反应出发，显然更加靠谱儿。

2. 博傻理论

博傻理论（greater fool theory），是指"在资本市场（如股票、期货市场）中，人们之所以完全不管某个东西的真实价值而愿意花高价购买，是因为他们预期会有一个更大的笨蛋花更高的价格从他们那儿把它买走"。

1936年，经济学家凯恩斯曾经提出著名的选美理论。我们都知道，在选美比赛中，选美冠军不一定是长得最漂亮的，但却是参与评选的所有人认为最漂亮的。虽然是公众认知，但这可能不是事实，而是公众形成了错误的判断。而凯恩斯认为，"做投资就像是选美，人们选择的并不是他们心目中最美的女孩，而会选择大家认为最漂亮的那一个"。

很多时候，人们确实会做出这样错误的判断。所以，当企业受到天灾人祸影响或遭受行业处罚，或者某个错误信息出现，引起公司股价大跌的时候，我们要仔细分析，是这个企业确实出现了问题，还是人们被恐慌情绪吓走了。如果是后者，那么说明这家公司被严重低估，这个时候不但不应该离开，反而应该积极去投资。

关于博傻理论，市场上有一种说法："在这个世界上，傻不可怕，可怕的是做最后一个傻子。"有些时候，看起来我们做了傻事，其实只要我们能够坚持下来，未来一定会有其他更"傻"的人来为我们买单。

当然，博傻理论不仅能够用在股市下行的阶段，也可以用在股市上扬的阶段。我们可以在高价位买进股票，等行情上涨到有利可图时迅速卖出，这种操作策略通常被市场称为"傻瓜赢傻瓜"。

谁是下一个傻瓜

可能是你自己

有效市场假说和博傻理论告诉我们,很多时候你相信的不一定是正确的,很多时候别人认为错的不一定是错的。换言之,我们要相信市场,相信规律,宁可做"傻"事,也不要去跟风。

关于上市公司公告的逻辑

在互联网时代，关于股票的信息每天都满天飞，来源纷杂，内容真假难辨，但大多数都是"野史"。在所有信息中，只有上市公司的公告，是投资者了解这个公司唯一的正规窗口。上市公司的公告有以下几点逻辑。

1. 公告真实、准确、完整

上市公司的公告，每一篇都要接受层层审批，董事会秘书（上市公司与证券交易所中间指定的联络人）要签字，董事长要签字，还要提前一天报交易所审批，并接受证监会监管。因此，上市公司的公告是最真实、靠谱儿的。

在上市公司的公告中，一般都会有这样的字眼："本公

> 公告真实、准确、完整

> 公告简单直白

> 公告不能作为唯一的投资判断标准

司及董事会全体成员保证信息披露的内容真实、准确、完整，没有虚假记载、误导性陈述或重大遗漏。"以此承诺所披露信息的真实性。

上市公司最喜欢说的一句话是："以公告为准。"公司个体包括董事会秘书都不会对外做任何多余解读，因为任何回答都可能存在偏差，唯有公告是经过层层审核的结果，是最真实可靠的。

当然，不是所有上市公司本身的承诺都具有可信度，这时候证监会的监管和审核就显得格外重要。

A股有个名梗，叫"獐子岛扇贝逃跑事件"。獐子岛集团股份有限公司是一家上市公司，2014年该公司在经过多年投放的高达8亿元的扇贝收获的季节，忽然公告：由于北黄海意外遭遇异常冷水团，扇贝"逃跑"，导致绝收。当时这条公告震惊投资者。证监会经过核查后，未发现有虚假问题。董事会也相应地做出了补偿，但投资者依然意难平。接下来的几年内，獐子岛接连用"扇贝逃跑"做幌子向投资者发出公告，致使这只股票臭名昭著。之后，证监会使用高新技术——北斗卫星导航系统，借助卫星定位数据，确定獐子岛公司成本、营业外支出、利润等账目存在虚假，于是做出严厉处罚。

当时，獐子岛公司也对外做了公告，内容如下：

公司收到证监会《行政处罚决定书》和《市场禁入决定书》：对獐子岛公司给予警告，并处以60万元罚款，对15名责任人员处以3万元至30万元不等罚款，对4名主要责任人采取5年至终身市场禁入。

随着高新技术的普遍应用，证监会的监管方式也越来越高级，执法也越来越高效、准确，监督上市公司的每一个公告的真实、准确、完整度，为投资者保驾护航。

2. 公告简单直白

上市公司会随时把自己的状态以公告的形式公布于众，今天赚了多钱，亏了多少钱，做了什么事情。比如，对公司债务提供了担保或者反担保，这么做的目的是什么，董事会对此的意见态度，独立董事的意见态度，这件事对公司的影响，投资者要注意什么，等等。所有公告都是能让所有人接受的大白话，即使不懂财务知识也没关系，公告会提供财务简报，写明有多少收入、利润总额是多少、净利润是多少等，让投资小白也能看懂。

3. 公告不能作为唯一的投资判断标准

尽管公告真实、靠谱儿，能还原公司的现状，但投资者不能仅靠公告就对是否投资做出判断。公告发出时，信息已经发酵完了，所以就会出现"公告一出，好事已经变坏事"的现象。

比如，某公司公告的是一个利好信息。但在公告发出之前，有些人就已经知道了这个信息，并做出了相应的投资调整。

当公告发出时，根据我前面说的周期理论，这只股票有可能已经往下走了，这时候再根据公告来做投资调整显然无法获利。

投资是一个复杂的事情，本质上是一个理解行业、认知碾压、寻找共识的过程。

你对行业的理解越多，你的投资判断也就越精准。比如，你要买獐子岛，你就得了解水产养殖行业，悟透其投资逻辑，这样你才能准确判断。

同时，你的认知还要碾压市场上80%的人才能赚到钱。投资市场流行一句话：所有人都只能赚到与自己认知相等的钱，即使天降财神，让有些人突然获得巨额财富，市场也有千百种方法剥夺他们的财富，直到财富与认知持平。这一点非常重要。

投资者如果仅靠公司分红赚钱，那不需要认知碾压，等着分红就是了。但在资本市场，公司的价值早就超越了分红的价值，赚的就是认知碾压的钱。

还是以獐子岛为例，证监会做出审核后，如果你判断有80%的人来接盘，这种判断是基于对人性的了解的话，那你就可以进行投资。这就是二八法则，投资市场只有20%的人能赚到钱，有80%的人亏钱。那80%的人要么信息延迟，要么判断能力弱，要么根本不懂投资，只会跟风，反正只要认知不够，就会成为别人的"韭菜"。

因为共识发生在80%的人身上，只有反共识，才能穿越周期，赚到钱。投资小白无法做到认知碾压，那也没有关系，可以在一定条件下和市场反着来，和人性反着来，能够在流动性中做到反共识，那也能赚到钱。所以，看到公告之后，看市场的反应，再反向操作，就可以穿越周期。

总之，公告就是公司的一个简历，而且是持续更新的简历。在证监会监管措施越来越严格的前提下，投资者可以根据上市公司的所有公告，还原公司的整个发展状态、未来的战略方向等，依此做投资判断。对于不熟悉的公司，更要多看公告。

论筑底

筑底，指的是股票构筑底部形态的过程。

从市场情绪来看，市场或个股经过一段时间的下跌后，很多投资者不愿再割肉卖出，而部分游资和主力资金此时会逢低吸纳，股价下跌势头随之会得到缓解，止跌企稳，然后等待上涨，这时便筑底成功了。

从技术形态上看，筑底阶段，行情经过一段时间下跌后，个股日 K 线图会越来越平缓，慢慢转为横盘震荡，此时成交量会先后呈现出升量、降量直至缩量的规律性特征，最后缩量横盘，直至横盘盘整结束，等待上涨，此时便是筑底成功。

筑底成功后，就可以等待市场大势好转，大势来临时股价会被持续拉升，最终产生新一波行情。

筑底时间长或短，取决于很多因素，比如政策、资金、信心、国外市场等。筑底时间通常都是比较长的，俗话说"筑底三月，筑顶三天"。等待筑底是一个漫长的过程，非常考验投资者的耐心，但是如果投资者能够抓住一波筑底行情，便会有非常丰厚的盈利。

很多投资者都把"抄底"二字挂在嘴边，那么，该如何判断一只股票筑底成功，或者说成功筑底有哪些征兆呢？

1. 价格越来越低

价格低意味着估值低，只有估值低，个股安全边际才高，而安全性高才会有源源不断的资金进场，有资金在，股价就容易拉升，然后就会出现底部。这就是市场经常提到的一个词：估值底。

股价跌到一定程度，有些投资者就不会再卖出了。试想一下，一只股票的股价由 100 元跌到 60 元，此时卖出还能剩下一些资金，但是如果跌到 20 元，资金已经所剩无几，这时候卖不卖已经没有太大区别了，还不如继续持有。

所以，当股票的价格跌到很低的时候，卖出量就会大大减少，买入量则会慢慢增多。因为有一部分投资者能看出此中机会，还有一部分投资者单纯觉得它价格便宜。当股价降

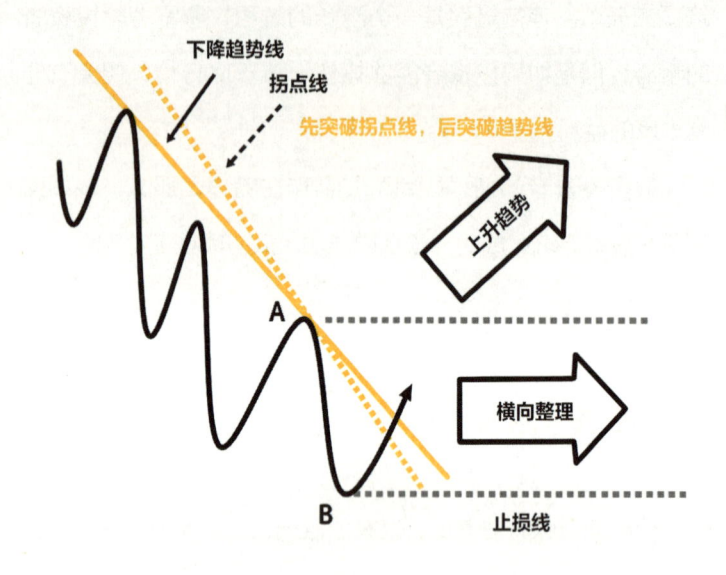

下降趋势线
拐点线
先突破拐点线，后突破趋势线
上升趋势
A
横向整理
B
止损线

低，很多资金被吸引进去之后，这只股票就非常有希望筑底成功了。

2021 年 10 月，阿里巴巴股价连续下跌，股价相对较低。为不错过这次低价机会，美国著名投资公司伯克希尔·哈撒韦副主席查理·芒格选择补仓阿里巴巴。

查理·芒格为什么会补仓？他看中的就是阿里巴巴的低

股价。通常，低价进场后，只需慢慢等待就好。等待市场基本面变好，或某天有利好消息，低价个股涨势会非常迅猛。

2. 业绩越来越稳定

稳定的业绩是一只股票价格上涨最坚实的基础。投资者愿意购买这只股票，一个原因是它的股价足够便宜，另外一个更重要的原因就是它的业绩有起色，而且表现得很稳定，不是只有某一段时间才有好业绩。

没有稳定的业绩，无论股价如何低，都大概率会继续跌下去。只有有业绩支撑的底部才是真正的底部。

2022年6月，金龙鱼出现了筑底迹象。6月10日，金龙鱼总裁公布消息，金龙鱼二季度业绩比一季度好，产能利用率也很高，订单也在稳定增长。2022年，金龙鱼已经两次上调价格，而且，第三次调价也在考虑之中。

金龙鱼是经历过大跌的股票，股价相对很低，2022年它的业绩非常坚挺，所以是有一定概率筑底成功的。

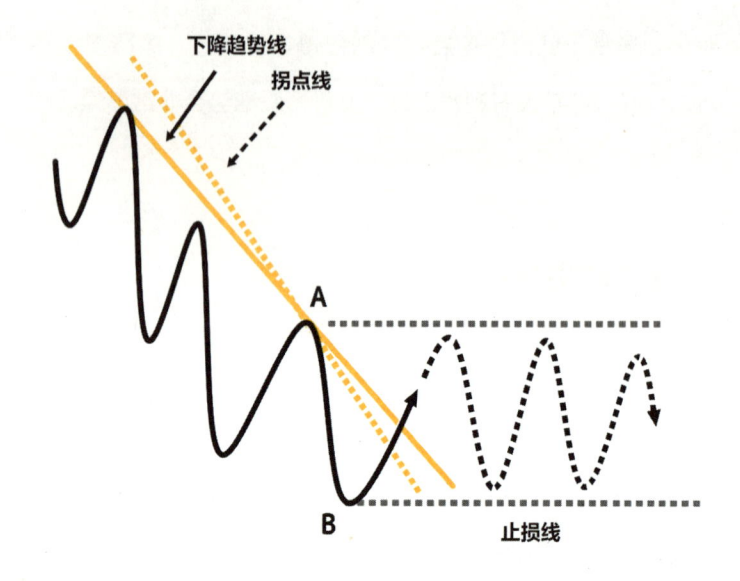

因此，如果看到一只股票价格相对低廉，而且这家公司的业绩也相对不错，有稳定盈利迹象，那么这只股票很有可能就是在筑底，投资者就可以关注它。

3. 资金越来越多

资金是一只股票股价上涨的直接动力，底部能否筑得扎实，就看底部资金是否充足。有时候，随着某些政策的出台，个股可以借此吸引部分资金，甚至一些产业政策很可能就是个股能够吸引资金的主要原因。有时候个股跌到一定程度后，其自身的"价值洼地"特性会被激发出来，这样也可以吸引市场资金。

2021年9月29日，国际大型投资公司摩根大通增持中国平安约6290.2万股，每股作价54.6074港元，总耗资约为34.35亿港元。增持后，摩根大通已成为中国平安的重要股东，最新持股比例由10.79%升至11.64%。

2021年中国平安H股股价一度接近"腰斩"，9月份中国平安股价已经跌入"价值区间"，这就是摩根大通公司增持中国平安的主要原因。

但是，有一点需要注意，大量资金涌入，并非一定能筑底成功，只能说有很大概率成功。有时候，个股明明不是底部，但有大量资金购买，可以很强硬地把个股的底部直接买出来，当然，这样的底部坚固与否是需要打个问号的。

所以，想要抄底，可以寻找有以上三种迹象的个股，再结合个股的政策信息、经营信息等方面综合研判，判断它是否在筑底以及筑底能否成功。

底部是一个区间，真正的最低点，几乎没有人能够买到，所以抄底时不能贪心。另外，抄底固然收益丰厚，但要注意风险，很多投资者抄底抄到的都是半山腰。

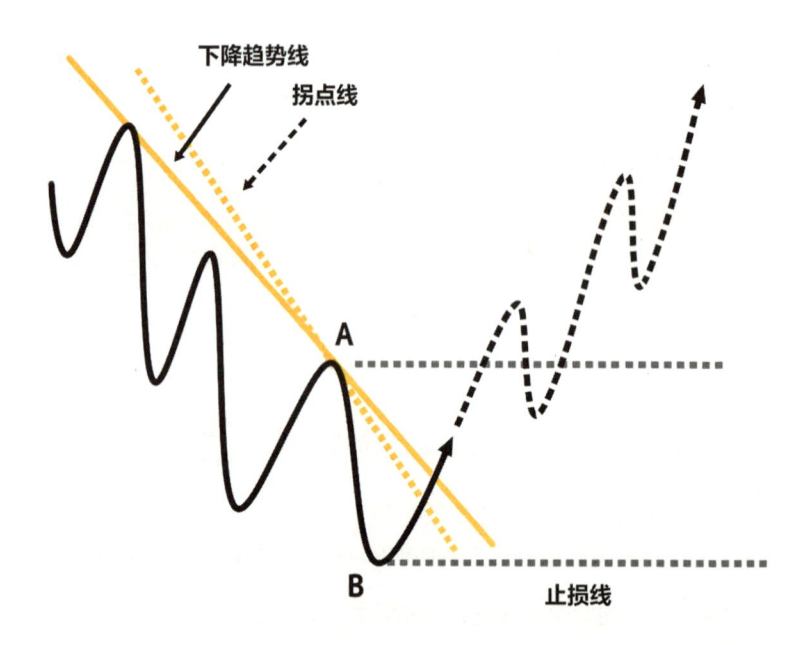

读懂市场的信号

股市的本质是信息战,但信息向来是不对称的,有的人较早就收获了信息,最先展开行动,这就造成了认知碾压。但后来者依然有很多机会,第一个就是要学会看市场的信号。

1. 什么是市场的信号

信息是真实发生、并被公布出来的事情。而信号,则是投资者根据信息、大盘走势、市场情绪等多方面因素得出的一个结论。也就是说,信息是母语,而信号则需要翻译,会翻译的、翻译得通畅的人,才会抽丝剥茧,看到本质。

比如房地产行业,政策不断地强调"房住不炒",坚持"平稳健康发展"，这就是一个信号。它表示，房地产市场已经过热了，政策会进行房价调控，必然会有很多投资者撤离。

再如，2023年1月，杭州市政府与阿里集团签订了全面深化战略合作协议，这也是一个信号。它表示政府积极支持民营企业发展，阿里会享受一些政策优惠，能替政府承担很多发展项目，比如数字经济第一城、2023年的杭州亚运会等项目。这对公司来说就是利好，对整个杭州经济来说都是利好。

前一个案例是信息发出的信号，后一个是行动发出的信号。作为投资者，不但要能看到表，更要能看到里，读出字里行间的深意，读出大趋势的发展迹象，这样才能够在投资理财中受益。

2. 股市里的信号

在股市里，越是不占信息优势，就越要学会读懂信号，只有避开流动性溢价，看到趋势发展的阶段，能够反向操作，才能形成认知碾压，赚到钱。这里有一个"大道至简"的理论，可以帮助投资者通过看股价波动来读懂信号，这就是"道

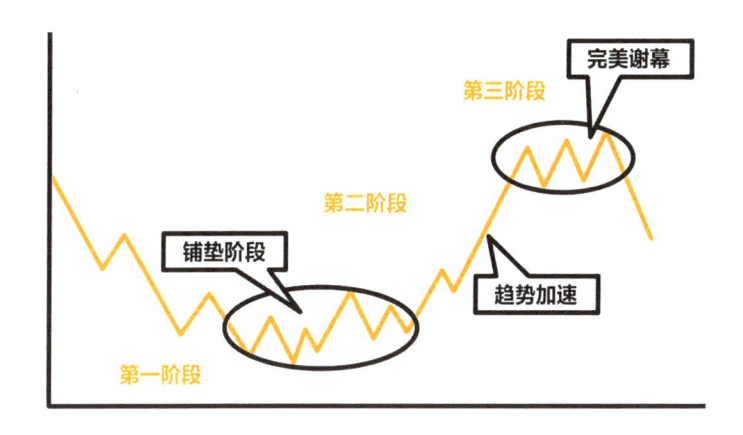

氏理论"，它是市场技术的鼻祖。

股价的波动和指数走势包含长期、中期、短期三种趋势，也可以看成长、中、短三种穿越周期。短期趋势是随机的，很难预测。中期一般是大的调整或反弹，它和市场情绪是息息相关的。长期的大趋势就是大牛市和大熊市，通过中短期的波动，可以推断股市的大趋势。

道氏理论将大趋势分为三个阶段。

第一阶段是铺垫阶段。股市的悲观情绪已经持续很久，各个板块都是绿油油的，政治、经济、军事、外交等方面的负面消息也已经发酵了一段时间，此时，市场已经包容消化了所有的利空。这些现象都在发出一个信号：熊市已经快接近尾声了，牛市就要来了。这时候投资者可以考虑入场了。

第二阶段，趋势加速。一开始是先行投资者开始暖场，股市有了复活的迹象，新闻里都是利好的政策，商业市场也逐渐繁荣，吸引了更多的人跟进买入，股市经过一番小幅调整后，快步上扬。

2023年初，A股几乎是"开门红"，政策方面也都是鼓励消费、鼓励投资的新闻，各地的商业活动也逐渐活跃，三亚等旅游胜地甚至一个月就赚足了一年亏损的钱。这时候，很多私募做一年展望时纷纷表示，股市将会满血复活。不管是消费者，还是投资者，对未来都充满信心。这就代表股市已经开始向上走了，尽管中间不断会有调整，但大趋势是不会变的，股市会不断加热。

第三阶段，完美谢幕。所谓盛极必衰，当新闻上到处都是利好，政治、经济、军事、外交方面都是一片祥和，投资者赚钱效应越来越高，连保安大爷都准备投资股市了，市场成交量不断放大，投机交易也日益增长，这时候就意味着这个大趋势要谢幕了。

道氏理论和周期理论不谋而合，都会通过读股市情绪信号来做趋势、周期判断。看懂这些信号，目的就是在熊市谷底、牛市巅峰时和 80% 的投资者做反向操作，避开追涨杀跌，不做韭菜。

《流浪地球 2》里有这样一个桥段：人工智能机器人最初是读不懂含蓄的表达的，所以，它会对人类说"不要用比喻等修辞手法"，但它却给自己取了一个深藏内涵的名字，人类为它取名为 550w，它却将这个词反过来，用 moss 作为自己的名字，细思极恐。股市就相当于一个非常善于用各种修辞手法来表达的人，作为投资者，得不断提升自己，学会这些修辞手法，这样才能正确捕捉信号，才能超越股市、拿捏股市。

股市本质上是信息战

股市的本质是信息战。如果你理解了穿越周期理论,理解了股市的情绪,理解了有效市场假说,那你就不难理解股市的本质是信息战了。

1. 股市交易的前提是信息

股市是由诸多上市公司在交易所交易形成的,这就像一个大集市,汇集了各种类型的消费品,吸引有需求的人来买。集市里的消费品都是摆在柜台上的,一眼可见,但股市里的股票却只是一个代码,要了解产品好坏,就得看公司的基本面。所以,股市交易的前提,必然是信息。

很多投资小白可能不看信息,就根据股价浮动进行买卖,这不是说信息不重要，而是有人已经给你做了信息收集。根据有效市场假说，只有基本面好的上市公司，才可能受到更多人的追捧，推动股价上升，其公司股票也会成为热门。

比如，巴菲特要了解上市公司，就要做复杂的调研，要收集各种信息，甚至直接到消费市场上去和消费者沟通。很多人就会根据巴菲特的选择而选择，这就是坐了信息的顺风车。

可以这样说，公司基本面，包括与公司基本面相关的政治、经济、军事、外交等方面的信息，构成了股市的根基。如果没有这些信息，大资金是不敢入场的，来干吗呢，扔硬币看概率吗？

另外，股市的大多数波动几乎都与信息有关。国家政策变化、公司领导人调整、外围出现利好利空……每当有信息出现，几乎都会引发股市波动。

疫情放开后，各国的股市都出现了相应的变化，日韩的生病人数也成了影响两国股市变化的信息之一。日本生病人数少，股市一路上扬；韩国生病人数较多，股市先涨后跌，到达低谷后才开始反弹，一路攀升。

信息是人们做判断的基础。在脱口秀段子里,有人相亲时喜欢用七大姑八大姨的提问方式:你家有房吗?有车吗?有父母吗?虽然好笑,但道理是一样的,就是要了解更多信息,再做判断。

2. 股市本质上是一场信息战

股市的本质就是信息战,谁获取信息的能力强、速度快,谁就能赚到更多的钱。"打板俱乐部"喜欢盯异动,而引发异动的那拨人,通常都是最早得到信息的人,他们自然也是赚得最足的人。

对普通投资者来说,获取信息的渠道少、速度慢,也只能跟着市场趋势动,这时候怎么动就有学问了。根据我说的周期理论,学会看共识,一定要在共识刚有苗头,还没有达到高潮时就行动,否则市场已经沸腾了,你再拿着鸡毛信息当令箭,那基本没希望赚到钱,大概率还会成为别人收割的韭菜。

所以,我一直强调"常识+人性",你获取信息的能力弱也没有关系,你可以用"常识+人性"避重就轻,管住自己,不要妄想在自己不熟悉的地方赚个盆满钵满，不如在自己熟悉的领域赚个每天都能茶杯满，心安又稳妥。

所以巴菲特说："能力圈大小不重要，重要的是你得知道你能力圈的边界在哪儿。"

3. 扩大能力圈，提升收集信息的能力

想要赚大钱、少赔钱，就得扩大能力圈，逐步提升收集信息的能力，这是可以通过学习获得的。现在内容平台那么多，股市投资都需要关注哪些信息，如何搜索信息，在哪里收集信息，很多教程都是免费的。

如果你不仅想要提升收集信息的能力，还想要构建信息优势，那也有方法：一个是深入学习，购买有牛人背书的投资大牛的学习教程；一个是向上社交，多认识一些投资做得出色的人。有人说："我就是一个普通人，怎么认识那些投资大牛啊？"其实很多培训课上都可以直接和大牛沟通，有很多人愿意在直播间和人一对一沟通，通过购买认识大牛是最简单的向上社交，双方之间目的明确，沟通内容清晰明了。不需要使用七拐八弯的交情来认识人，也不需要经历七山八

水之后再说出自己的需求。

有人认为这种方式有一个弊端：交情没法深入。其实未必，我认识一个很著名的创业培训讲师，她就特别希望自己的学员和自己多沟通，因为沟通内容可以反哺她的培训教程。在见识过各种各样的人、各种各样的创业经历之后，她的理论体系也更加丰富。

"八面玲珑"在大部分语境里是一个贬义词，但其实你仔细去琢磨，八面都通窍，才能四通八达。人需要活得通透。

不管怎么说，股市的本质就是信息战，你构建了自己的信息优势，就可以让自己"八面玲珑"（我希望它是褒义的），认真向外看，积极向上走。你的目标是看到月亮，那就不要把精力用在琢磨"指月之手"好不好看、戴没戴手套上。

股票涨跌的逻辑

股票投资比较烦琐，需要考虑很多方面，比如市场情绪、操作节奏、交易策略、公司调研、国外市场等，要想在股票市场长期获得稳定的盈利，就必须掌握股票的"一举一动"。

相同的市场环境下，之所以有人盈利、有人亏损，其中很重要的一个原因就是大部分盈利的投资者往往能抓住一只股票的要点。俗话说，打蛇打七寸，要抓住一只股票的"七寸"，厘清这只股票上涨或下跌的条理脉络，找到其中的逻辑链条。知道股票的涨跌逻辑后，就可以顺着这个逻辑操作，盈利概率就会增大。

股票的涨跌逻辑没有一个确切的定义，不同的投资者有不同的看法。但是，无论看法有何不同，有一点是非常明确的：股票的涨跌都离不开资金。

在实际交易中，一只股票只存在买方与卖方，其上涨或下跌都是根据买方与卖方之间博弈的结果而定的。

当投资者认为股票未来的价值会高于当前价值，便会买入，买入的资金大于卖出的资金时，股价就会上涨；相反，则股价下跌。请注意，并不是买入的投资者数量比卖出的投资者数量多就可以，必须是资金量多才可以。

在我看来，股票涨跌逻辑的本质是价值的流向，外在表现为资金的流入流出，流入则上涨，流出则下跌。那么，该如何判断资金的流入或流出呢？

1. 供需关系

供需关系是经济学中最重要的概念之一，根据股票供需关系来判断资金流向是一种非常普遍的方法。需求会引导价格，买的人多，资金流入，价格上涨；卖的人多，资金流出，价格下跌。

这一点不仅仅体现在股票上面，其他商品也基本遵循这一规则。但不同于其他商品的一点在于，通常股价是按照"需求优先，供给跟进"的原则进行上下波动的。当需求增加时，供给才会随之增加。

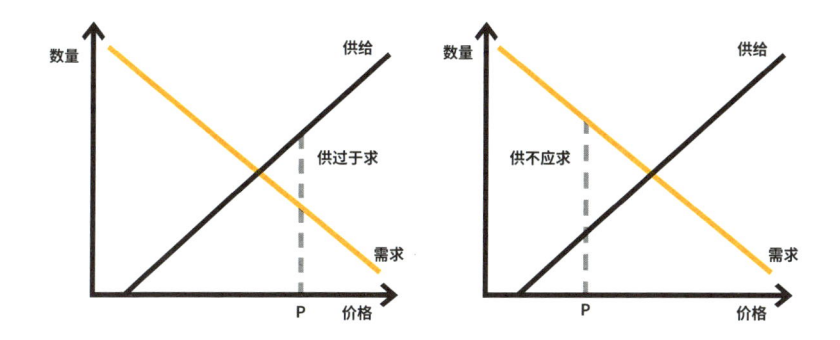

比如，投资者认为某只股票后市会上涨，于是接连买入，资金便会流入这只股票。此时，买入的手数很多，卖出量供应不上，这只股票便会供不应求，股价上涨。但是，当股价上涨到一定程度时，一些投资者认为价格已经很高，可以卖出了，于是纷纷卖出，导致供过于求，股价便会大跌。

投资者如果不能把握正确的时机，错判资金流向，就会在高位接盘。所以，永远不要在需求高峰期（成交量非常高的时期）买入，稍有不慎就有可能买到价格最高的股票。

当证券公司大力推荐或新闻报纸、网络媒体等集中报道看好某只股票时，资金通常会在高位急于流出，这时候投资者不要贸然进场，否则有很大概率被套住。

2. 公司价值

公司价值，是指公司自身的价值，由公司自身情况决定，比如公司的盈利状况、领导团队管理能力、经营业绩、行业未来发展前景和股息红利派发状况等。如果公司的业绩表现优秀，发展前景良好，领导团队能力优秀，公司的价值就高，自身价值高则会吸引外部资金，股价自然会上涨。高瓴资本创始人张磊曾说，看一个企业先不要看它的报表，而是要看它是不是为这个社会疯狂创造价值，如果它为社会疯狂创造价值，总有一天它会回馈你。

3. 政策导向

从某种程度上来说，中国的股票市场受政策影响比较大。其实不只是中国，全球的股票市场都受政策影响，美联储的加息降息就是通过直接控制资金流向，影响美股。

政策规划调整会直接影响整个行业的发展趋势。是利好趋势，资金就会聚集；是利空趋势，资金就会出逃。当出台某一项新政策时，相关行业和公司都会受到不同程度的影响，可能是短期的，也可能是长期的；可能是利多，也可能是利空。

但无论怎样，投资者都要稳住心态，冷静分析和思考。尤其政策是利空时，一定要果断处理，因为有时候一个政策可能会直接扭转资金流向，进而改变股价。

比如，"双减"政策一经发布，教培行业大量资金疯狂出逃，众多教育股纷纷暴跌。房地产行业也是，某些房地产政策，尤其是"三条红线"颁布之后，外部资金不愿再行进入，房地产资金几乎断流，相关市场前景不明，个别房企更是惨不忍睹。

有些政策是为了抑制行业发展，有些则是为了促进。比如新能源行业，在"双碳"背景之下，政策对于整个新能源板块的支持力度非常大，国内外资金纷纷涌入此行业，新能源汽车得到大力发展，新能源发电产业链的发展更是如火如荼，很多公司争相布局风电和光伏产业。

当然，这些政策的出台，可能会对某些个别行业利空或利好，但对全国的经济却基本都是利好的。因此，当国家出台某些政策时，投资者要对其有一个精准判断，不能仅判断资金流向，更要判断政策影响的程度，判断得越精细，操作起来才能越及时。很多投资者被套在教培行业上,就是因为对政策没有敏感性,被套之后悔之晚矣。

所以,投资者在操作的时候,一定要提高自己的认知,注重资金流向的判断和逻辑的养成,同时还要掌握股票涨跌的逻辑,但更重要的是找到适合自己的操作逻辑。

看财务报表有没有用

财务报表是反映企业或预算单位一定时期资金、利润状况的会计报表。在股市，发布财务报表披露信息是企业必须履行的义务。

对于财务报表，市场有多种看法：有人认为不懂财务报表就赚不到钱，但实际上的确有一部分不懂财务报表的人依然赚到了钱；还有人认为，股市不需要懂财务报表，但是很多情况下，披露财务报表却可以影响股票走势。

那么，看财务报表到底有没有用？投资者对财务报表应该持什么样的态度呢？

其实，对于一般投资者来说，只会看些特别简单的报表，确实用处不大。但是，这并不代表财务报表没有作用。财务报表的作用，至少有以下两点。

1. 零知识证明

在股票市场经常会发现这样一种类型的股票，K 线图、成交量等技术指标形态非常好，但是在投资者搜索其信息时却会发现这家公司很奇怪，新闻只报道它拿到了订单，可客户是谁没有说，成交金额、成交单价是多少也没有说。

通常来说，一只股票的价格上涨需要实实在在的业绩支撑才可以，那么，我们该如何知道这类披露信息很少的公司的业绩究竟如何呢？答案就在财务报表里。

比如，特定企业不能告诉市场自己的客户是谁、毛利率是多少，因为这些都需要保密，它们只能告诉市场自己的财务报表。

这种现象就是经济学中的一个重要原理——零知识证明。

A 要向 B 证明自己拥有某个房间的钥匙，假设该房间只能用钥匙打开，其他任何方法都打不开。A 该如何向 B 证明自己有这把钥匙呢？一种办法是，A 把钥匙出示给 B，B 用这把钥匙打开该房间的锁，从而证明 A 拥有该房间的正确钥匙，但是这种办法会让 A 泄露自己的钥匙。

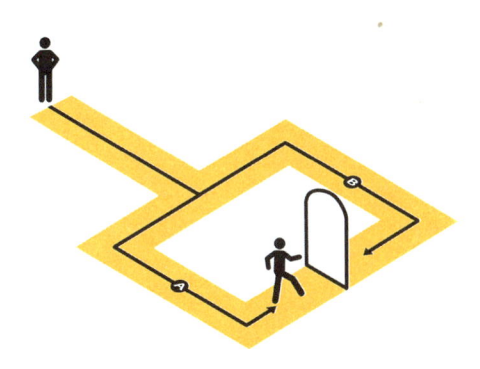

那么，特定企业该怎样在不泄露秘密的情况下，证明自己拥有房间真正的钥匙呢？

正确的方法是，A 让 B 随便说出房间里的一件东西，然后 A 会用钥匙打开房门把 B 说的这件东西取出来。这样做，A 不需要展示这把钥匙和开锁过程，也能证明自己有房间正确的钥匙了。

这就是第二种办法，它的好处在于，在整个证明的过程中，B 始终不能看到钥匙的样子，从而避免了钥匙的泄露。证明者不需要向验证者提供任何有用的信息，就可以使验证者相信自己某个结论的正确性。所以，投资者可以通过公开的财务报表，了解公司的业绩情况，进而决定是否进场。

2. 判断业绩

财务报表还有一个非常重要的作用，就是帮助投资者"排雷"，判断公司业绩好坏。通过对财务数据的分析，可以发现公司存在的业绩"陷阱"，从而可以排除那些财务业绩存在重大缺陷的股票。

2022年4月，美股六大科技巨头苹果、亚马逊、谷歌母公司Alphabet、微软、奈飞、Facebook母公司Meta纷纷公布财务报表，只有苹果公司表现尚可，其他公司的数据都不理想，尤其是亚马逊。

亚马逊的财务报表显示，公司2022年第一季度每股亏损7.56美元，低于市场预期，市场预期是盈利8.4美元，已经呈亏损状态。第一季度销售额1164亿美元，也低于市场预期，并且增长幅度只有7.3%，创下近20年来最慢增速。北美销售额692.4亿美元，同比增长7.6%，仍低于市场预期。国际销售额287.6亿美元，同比下降6.2%，还是低于市场预期。

可以看到，亚马逊交出了一份非常差的财务报表，发布之后，其股价当天大跌15%。当时，全球市场纷纷发出这样的疑惑：经过多年的高速增长后，科技股还能继续高速增长下去吗？

通过财务报表，我们有一定理由可以判断全球电商市场的高速增长时代已经过去。所以，我一直不建议投资者去买一些电商平台公司的股票。

这一次亚马逊的财务报表非常直观，直接可以看到其业绩严重下滑。但是，还有一些公司的财务报表不是那么直观，我们就需要进一步分析。

2022年上半年，某企业的财务报表显示，归母净利润406亿元，同比增长56%。业绩看起来还不错，但是，当时我认为该企业不能再追了。

进一步分析就会发现，它利润增长的原因是煤炭价格上涨，2021年第三季度，煤价疯狂上涨。但是2022年，行业开始严格管控煤价，如果煤价不能如期继续上涨，它后面的业绩可能就不会太好。当然，能否看出财务报表背后的逻辑，就非常考验投资者的分析能力了。好的财务报表也会坚定投资者继续持有的信心。

比如，某企业2022年公布了一份非常好的财务报表，上半年营业收入251.38亿元，同比增长28.94%；净利润17.71亿元，同比增长174.24%。其中二季度净利润9亿元，同比增长227.26%。

该企业业绩的增长主要是业务量增长和产品定价能力增强，叠加经营环境稳定向好所致。如果投资者持有这只股票，大概率可以继续持有。

通过分析财务报表，识别其中蕴含的信息，分析它们当时的盈利能力、业绩状况，投资者盈利的概率就会增加。

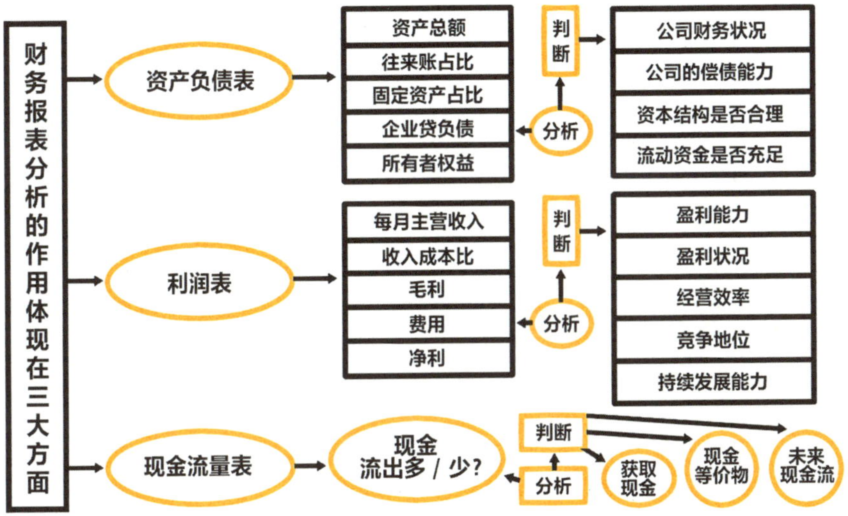
财务报表分析的作用体现在三大方面
资产负债表
资产总额
往来账占比
固定资产占比
企业贷负债
所有者权益
分析
判断
公司财务状况
公司的偿债能力
资本结构是否合理
流动资金是否充足
利润表
每月主营收入
收入成本比
毛利
费用
净利
分析
判断
盈利能力
盈利状况
经营效率
竞争地位
持续发展能力
现金流量表
现金流出多 / 少?
分析
判断
获取现金
现金等价物
未来现金流

PART 4.

价值判断池

在股市行走，看任何一条信息时，我们都要加上时间因素以及共识形成的时间通道。能预判 80% 投资者的预判，才能最终成为赚钱的那 20%。

换手率和成交量基础小知识

换手率，是指在一定时间内市场中股票转手买卖的频率，是反映股票流通性强弱的指标之一，其计算公式为：

换手率 = 成交量 / 流通股本 × 100%

比如，某只股票在一个月内成交了 3000 万股，其流通股为 1 亿股，则该股票在这个月的换手率便为：3000 万股 / 1 亿股 × 100%=30%。

换手率可以衡量一只股票的活跃度，股票当天的换手率高，说明有大量资金在这只股票里面操作，通常资金量越大，股票活跃度越高。从专业投资者角度划分，换手率有 5 个等级。

第一级，换手率小于 2%。这种情况，称为小换手，代表这只股票没有很多人关注，不够活跃。

在注册制市场，尤其要注意这种情况，如在欧美等国家的证券市场，换手率低代表这只股票不受投资者欢迎。如果换手率在2%以下则为阶段整理期，后市大概率会继续区间震荡。

第二级，换手率在2%～5%。这种情况，称为活跃换手。换手率在这个区间的个股，可以认为它已经完成了自身的阶段整理，后市大概率会走单边行情，单边上涨或单边下跌。

第三级，换手率在6%～10%。这种情况，称为高换手。个股行情大概率要加速进行，本来要6个月完成的走势，可能4个月就可以完成。

第四级，换手率在11%～25%。这种情况（称为超级活跃），意味着当前这只股票里有很多短线操作的投资者。一般来说，这种超级活跃的股票一旦消耗完自身所有的功力和蓄能，很可能就要崩溃，大家一定要加以防范。

第五级，换手率大于25%。这种情况，称为死亡换手。如此高的换手率，基本可以认为这只股票马上就要崩盘。此时，很多获利者都将卖出离场，而这时候的新入场者，被专业机构叫作"最后一棒"，俗称"韭菜"。

换手率是判断一只股票是否为市场热点和交易是否活跃的最重要的指标之一，通过换手率我们可以大概判断一只股票的风险程度。很多基金经理都对换手率指标青睐有加，所

换手率范围	股票状态	盘口观察	资金介入程度	操作策略	走势趋向
<2%	小换手	缺乏市场关注	较低	谨慎关注	不够活跃
2%~5%	活跃换手	有单边行情	适中	抓住单边行情	走单边行情
6%~10%	高换手	完成预期走势	高	高风险、高收益	走势加速
11%~25%	超级活跃	需警惕崩溃	超高	注意防范崩溃风险	风险提高
>25%	死亡换手	投资者应避免	十分高	谨慎操作，避免被套	要崩盘的信号

以投资者购买股票时也要予以加倍关注。

但是，换手率却有一个局限性，那就是它虽然可以衡量个股的活跃程度，但对于整个A股市场的活跃程度却没有办法衡量。想要判断整个A股市场交易是否活跃，需要用到成交量指标。当然，成交量指标可以判断整个市场的活跃程度，也可以判断个股的活跃程度。

成交量，是指单位时间内某项交易成交的数量总和。通常它是一种供需表现，当供不应求时，买家很多，都抢着买进，成交量就会被放大；反之，供过于求，市场冷清无人，卖家很多，有卖无买，成交量就会萎缩。

需要注意的是，投资者通常所说的大盘成交量指的是成交金额，成交金额表明了市场活跃度和资金规模。成交量与成交金额的关系用下列公式表示：成交数量（成交量）×成交均价＝成交金额（成交额）。

股票成交量情况通常是一只股票对投资者的吸引程度的真实反映：当某只股票被看好时，就会有很多人买入，成交量变大，便会推动这只股票价格的上涨；而当某只股票不被看好时，很多持股的人就会卖出，没有持股的人也不会买入，此时成交量变小，从而导致股票价格下跌。所以，某种程度上成交量可以决定一只股票的走势。

如果某只股票的成交量和成交额特别大，基本上代表这只股票内的资金的分歧特别大；成交量和成交金额特别小，代表分歧特别小。一个交易市场，如何通过成交量和成交额来判断它是否活跃？

只要上交所一天的成交额是5000亿元以上，通常就可以被称作活跃，没有超过5000亿元，说明整个市场当天不活跃。如，2022年6月15日，上交所成交金额共6220亿元，这样的成交额，说明市场还算活跃。

但是，结合2022年经济整体形势，A股的成交额仍处于熊市筑底阶段，熊市结束的标志是成交量和成交额一定要缩到一定的量。

在我看来，如果整个A股的成交额能够持续缩减至四五千亿元（基本上是牛市成交额的30%），A股就有希望结束熊市状态。

虽然换手率与成交量都能反映个股活跃程度，但两者有一定区别，换手率是个股买卖的频率，而成交量则是买卖股票的成交数量，两者从不同方面反映了个股的实时情况。投资者在使用指标时，不要将两者弄混。

任何情况下都不要买黄金白银

"盛世古董，乱世黄金"，这是很多投资者都认同的一种理念。因为在他们的认知当中，黄金作为曾经的货币本位，本身就具备较高的价值，而且用途广泛，是一种非常优质的"避险"工具，能够有效地保值甚至增值。

但实际上，随着美元不再与黄金直接挂钩，在"金本位"彻底退出历史舞台之后，黄金的价值增值速度，已经无法赶上通货膨胀的速度。换句话说，虽然现在黄金依旧有保值的作用，但想要通过投资黄金获取大量的收益难上加难。

不仅如此，由于国际经济环境动荡不安，黄金的价格也在不断上下波动。为了规避投资黄金的风险，国内多家银行已经暂停了黄金交易业务。即便是有强大资金基础的银行尚且如此，现阶段投资黄金的风险可想而知。

鉴于现在这种情况，与其投资黄金，不如用资产去进行

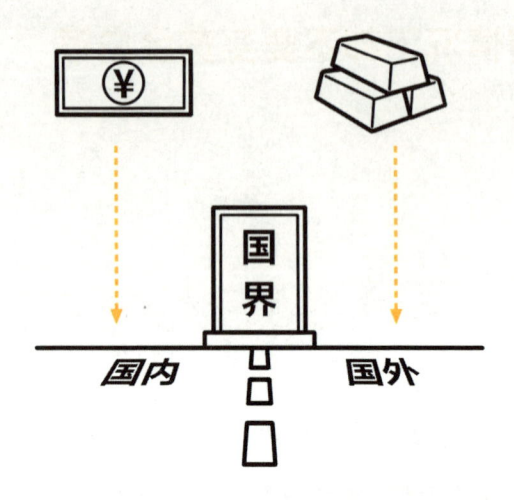

一些其他的投资，比如新能源企业、基础建设相关企业等长期发展趋势良好的产业。

1. 新能源企业

从目前来看，为了实现"碳中和、碳达峰"的目标，也为了成为新能源的超级大国，国家对于新能源行业的发展始终抱支持态度，并且从政策、制度等层面，为新能源产业的发展奠定了良好的基础。而且，立足于长远的发展，新能源取代常规能源已经成为必然趋势。

之前，很多投资人认为现在是石油的时代，因为我们现在使用的常规能源，基本都来自石油。而未来，正如马斯克所说的，锂将会取代石油的地位，新能源将会成为未来的主要能源。

新能源产业的景气度正处于牛市，碳中和方向、光伏、风电、新能源等板块都在稳定上涨。之所以会出现这样的情况，除了政策因素之外，上游大宗商品价格的下跌，也起到了重要的作用。

比如，比亚迪虽然因为6~8个月的交付周期，2022年第一季度的业绩不尽如人意，但进入第二季度之后，随着订单的持续交付，再加上原材料成本的普遍回落，企业长期发展的趋势依然良好。

面对类似新能源这样的产业，我们不能用传统的投资眼光去审视其利润，而是要用"星辰大海"的视角去看待其未来发展的趋势。投资朝阳产业，销量的意义远远大于利润。

总而言之，综合国内的政策和长远的发展这两个角度，新能源是非常合适的投资方向，但如果建仓的话，建议以中长期投资为主。

2. 基础建设相关企业

中国在国际上一直被称为"基建大国"，不仅仅是因为我国在基础建设方面的持续投资，更是因为国内基础建设相关企业的高超水平。作为关系到国计民生的基础产业，国家在基础建设方面的投资每年都在稳定增长，而且在政策方面，国家也一直支持基建产业的发展。

举个例子，之前对于国家公路网的规划，国家提出了一个想法，那就是在2035年要建成一个高质量的国家公路网，形成一个中心网格化的格局，实现国际省际互联互通。这个文件一经公布，类似山西路桥这样的基础建设企业，股价纷纷上涨。

考虑到我国的国土面积、人口基数和当前的基础建设水平，未来基建产业还有非常广阔的发展空间，再加上政策的长期利好，投资基建产业也是不错的选择。但要注意一点，基建企业的业绩会随着政策的变化而浮动，不能简单地根据业绩选择投资的企业。

比如，2022年三一重工公布了上半年的财务报表，数据显示企业上半年的利润同比下降了78%。看到这个数据，很多人第一时间可能会认为企业已经进入了瓶颈期，股价也即将暴雷。但实际上，三一重工的业绩之所以会下滑，不是因为2022年发展不善，而是因为2021年上半年的业绩远远超出平均水平。所以虽然上半年业绩同比下降78%，但三一重工的股价却并未崩盘，反而强势筑底。

作为投资者，我们不能轻易被数据蒙住双眼，更不要轻易地根据一些简单的数据变化，判断一个企业是不是应该投资。我们要看到数据背后企业的真实发展态势，并综合多方面的因素去系统分析。

当然，除了新能源这样的新兴朝阳产业，以及关系到国计民生的"稳如泰山"的基建产业，在当下这个时代，投资美元也是不错的选择。作为世界上实力最强的国家，也是目前国际经济体系的中心，持有一些美元，能够有效地避免通货膨胀的影响，避免自己的财富贬值缩水。

总而言之，以目前黄金所处的尴尬地位，任何情况下都不要轻易地投资黄金，哪怕是抱着财产保值的态度，也有很多类似新能源、基础建设的能够稳定发展的企业可以选择。

基金行业的一个重要改变

基金作为一种投资工具，多年来以专业、信息披露完善、运作透明等特点，备受广大投资者喜爱。尤其遇到牛市行情，基金的赚钱效应更加明显。

但是，基金行业一直以来都存在一个尴尬的局面：无论业绩如何，基金经理基本都会"旱涝保收"，即使投资者大幅亏损，他们依然可以赚得盆满钵满。如果说金融业是高薪行业之首，那么基金经理等核心管理者的薪资，可以称得上是金融业皇冠上的明珠。

2021年年初，市场流传诺安基金经理年终奖超7000万元，瞬间引起热议。虽然诺安基金公司很快便进行了辟谣，回应称依据公司薪酬制度，这个数字不符。但过于夸张的数字，仍然让众多投资者咋舌。

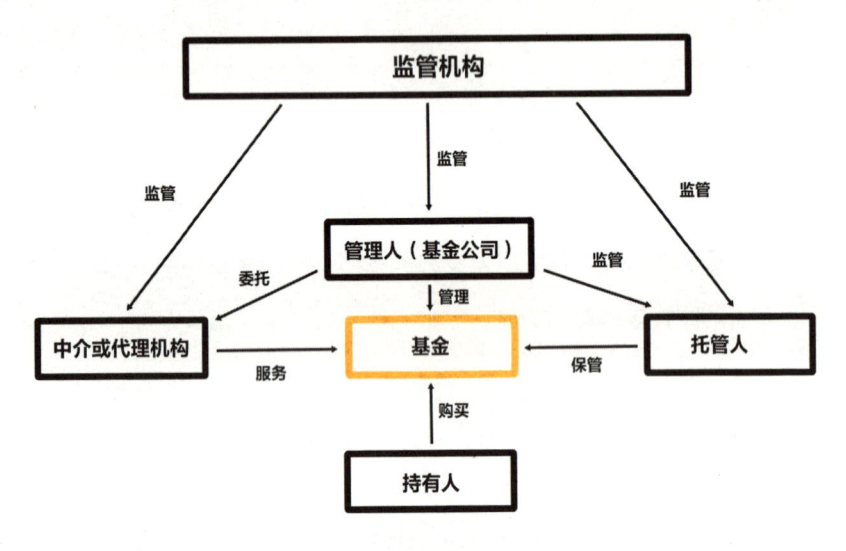

```
                    监管机构
         ┌─────────────┼─────────────┐
      监管│          监管│          监管│
         ▼             ▼             ▼
              管理人（基金公司）    监管
                     │管理
    委托│            ▼
         ▼
  中介或代理机构 ──服务──▶ 基金 ◀──保管── 托管人
                     ▲
                   购买│
                     │
                   持有人
```

基金运作关系

基金经理的超高薪资一直为市场所诟病，相关人员也始终在积极寻求解决办法。截至2022年4月，我国开放式基金管理规模上升至全球第四位，境内共有基金管理公司138家，其他管理公司14家，共注册基金从业人员2.91万人，资产管理规模25.52万亿元，公募基金资金来源中52%为居民家庭资产。

公募基金的一举一动都影响着很多家庭，所以监管必须严格。令人欣慰的是，2022年6月，中国证券投资基金业协会终于出台了相关管理政策，发布了《基金管理公司绩效考核与薪酬管理指引》（简称《指引》），主要内容如下：

1. 公募基金高管、主要业务部门负责人应将当年绩效薪酬的20%以上买自家基金，且权益类基金不得低于50%；

2. 基金经理应将当年绩效薪酬的30%以上买自家基金，且优先买本人管理的公募基金，将薪酬管理纳入公司治理；

3. 董事会和基金公司不得将规模排名、管理费收入、短期业绩等作为薪酬考核的主要依据；

4. 绩效薪酬递延支付期限不少于3年，高管、基金经理递延支付的金额原则上不少于40%。

具体来看,《指引》兼具原则性与操作性,回应了市场迫切关注的主要问题。在我看来,《指引》的发布,会对基金行业形成以下两方面的改变。

1. 利益关联性增强

《指引》从制度层面上,对基金行业从业人员进行规范,更加有效地保护了投资者利益,对广大投资者来说是重大利好。从此基金经理、基金公司高管与基金的利益绑定更加紧密,如果基金经理和公司高管管理水平差或者有其他想法,他们自身的利益会大幅受损。

基金公司的高管需将当年绩效薪酬的20%以上,基金经理需将当年绩效薪酬的30%以上购买自家基金。无论是30%,还是20%,都是一笔很大的资金,将自身利益与投资者放在同一条船上,可以在很大程度上保证基金经理不至于过度关注自己基金的短期业绩,从而难以保持初衷,通过市场去追逐热点,博得更高的排名,玩风格漂移,致使基金收益受损。

基金经理玩风格漂移是以往经常出现的一种情况，比如，某只基金的投资目标是智能化生产的企业，重点包括智能机器、智能医疗、智能家居、智能电网等领域的龙头企业。但实际情况却是，基金经理的前九大重仓股中有六只是券商股，只有三只重仓股勉强与智能医疗相关，而且持股份额占该基金资产净值的比例为6.08%，甚至在未来很长时间内仍不按既定目标进行调整，这会损害基金的整体收益。

《指引》颁布之后，会在很大程度上抑制这种现象的发生，不仅可以充分平衡基金公司员工、经理层、股东及其他利益相关者的利益，还能够更加有利于促进基金公司提高质量服务水平。

2. 稳定性增强

《指引》也充分发挥了考核体系的指挥棒作用，直接从制度层面上减少了基金经理跳槽的频率，引导基金经理、基金管理公司坚持长期主义，注重长期利益，有效维持了基金稳定、健康地运行。

《指引》规定，绩效薪酬递延支付期限不少于3年，高管、基金经理递延支付金额原则上不少于40%，这些条款其实就是在告诉基金经理，业绩有3年以上的长周期考核，即每年至少有40%的奖金都必须在3年以后才能领回来，一旦跳槽就都没有了。

2017—2022年，基金经理的考核周期以1年为主，《指引》颁布后这一周期变为3年。考核导向长期化，可以涌现出一批低换手的绩优基金经理。

2016年以来，基金变更基金经理的平均时长是1.3年，即投资者购买的基金，很有可能只持有一两年就换仓了。投资者想坚持持有，基金经理却先放弃了。

2022年，3361只主动偏股基金中，近5年没有更换基金经理的基金仅有92只，整体占比2.7%。

所以，《指引》颁布之后，基金经理会更加稳定、更有耐心，基金公司的军心也会更加安稳坚定。一个稳定的基金公司能够有效地激励从业人员，从而促进基金公司建立高质量人才队伍并提高风险防范水平。

从此，基金行业的保护性政策更加完善，也与银行、保险、证券公司等我国其他金融行业的要求基本保持一致。在《指引》的护航下,基金公司会更加稳定、长期地发展运行下去,广大投资者的收益与财富,也将更加有保障。

基金为什么"偷吃"净值

2021年，股市行情整体向好，也带动了一波基金行情，于是很多人的投资便开始转向基金，基金的关注度与日俱增。而随着参与的深入，问题也相继出现，很多人都在抱怨：为什么实际净值比市场预测的估值低？为什么收盘之前还是红的，收盘之后变成绿色了？总结来说就是，基金在"偷吃"净值。

基金估值是指根据公允价格计算基金资产和负债的价值，最终确定基金的资产净值和份额净值的过程。基金估值是根据季报的持仓来计算的，估算的数据并不代表实际净值，只是供市场买卖的一个参考。有时候会出现估值涨得多，而净值涨得少的情况；有时则会出现估值是涨的，而净值是跌的情况。

估算基金净值主要是为了分析基金是否具有投资价值。一般来说，基金估值越高，泡沫越大，投资者承担的风险越高；

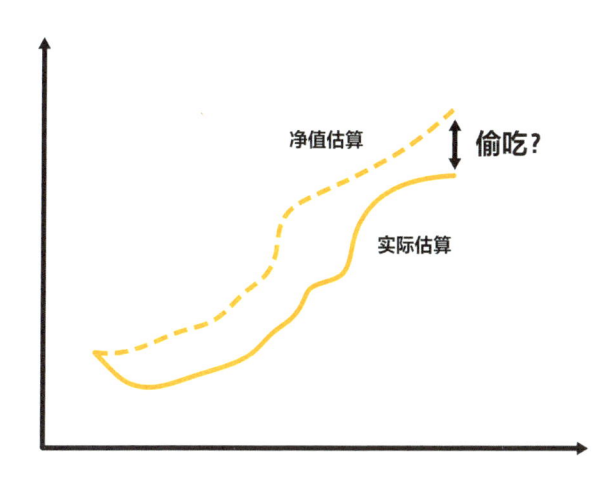

而如果基金估值低,则说明具备投资价值,获利概率较大。

而基金净值是将当前的基金总净资产除以基金总份额后的所得,基金公司只有在股票收盘后,以收盘价格为准,才能计算出准确的净值,一般是在晚上八点才公布。因此,**估值和净值之间有预期和现实的差异,估值只能作为投资参考,不能作为净值。**

了解了基金估值与净值的概念之后,大家就会明白这里所说的"偷吃",指的其实就是基金估值与公布的实际净值之间的差额。当这个差额较大时,大家就难免会产生一个想法:基金经理在场内吃掉了那一部分盈利。

那么，到底为什么会产生基金被偷净值的现象，果真是被基金经理"偷吃"了吗？下面我就给大家分析一下这其中的原因。

1. 调仓延迟

如上面所说的，基金估值是根据基金公司上个季度报的股票持仓，并结合基金持仓股票所在板块的指数，按照模型计算得出的，这里面有一个季度的时间差。如果基金经理对持仓进行调整，估值与净值就会有差异，小调整产生小差异，大调整产生大差异。从这个角度来说，**基金估值的确只能作为参考，不能盲信。**

可能有人会提出疑问："为什么不实时公布持仓，而非要过了一个季度才公布？"这其实是证监会的要求，目的是防止基金公司进行内部交易、老鼠仓等违法行为。如果公募基金实时公布建仓情况，私募基金、游资等就有很大可能会跟进买入。而公募基金的资金数额是非常庞大的，建仓完毕可能需要几个月甚至几年，这期间那些私募、游资资金完全可以择机选择高位卖出，这相当于基金拉高股价，其他资金卖出获利，最后这只基金出现大幅亏损。所以，基金公司只会在季报、中年报和年报中披露基金持仓的详情，目的就是保护基民的利益。

2. 对标价值

基金净值的涨跌主要取决于股票的涨跌，基民买入某个基金是赚是亏，或者赚多少亏多少，完全取决于股票的涨跌幅度，股票涨则净值涨，股票跌则净值跌。当然，下跌的原因有很多，国际经济形势恶化、货币政策收紧、公司财务状况恶化、股东增减持等信息都会影响股价下跌。

比如，A和B每人出资50万元，共同委托C去管理。有一天，A遇到紧急情况需要资金，想把自己的50万元赎回，但是A赎回后发现账户只有49万元。A便向C提出疑问："按照当天价格，我不应该亏，为什么亏了1万元？"C解释说："股票收盘后出现利空消息，我将净值下调了。"

为什么C要下调净值？因为有些公司在当日收盘后，可能会突然发布一些负面消息,从而导致这个公司股价下跌。

比如,C恰好买的是乐视网,乐视在收盘后发出公告,公司出现了严重经营问题,这是大利空,乐视网股价大概率是要大跌的。

所以,C就需要向下调整净值,来对应当前基金的实际价值。如果不下调,赎回的人多了,这只基金就会爆仓。

基金市场经常会发生这样的场景,只要某个公司发生重大利空,基金公司就纷纷出来宣布下调这个公司股票的估值。

比如,乐视网当天的股价是5元,公告发出后,公募基金随即发布应对公告,下调乐视网估值,然后乐视网的股价被下调到3元,下调幅度很大。基民想要赎回,就只能亏着退场了。

基金净值与估值偶尔相差大是正常的,原因可能是基金经理大规模换仓,也可能是基金经理频繁做短线操作。但要注意的是,频繁相差大就不正常了,如果净值一直低于估值太多,就要远离这只基金。

3. 互不干涉

基民买入基金的资金实际是托管在银行的,并由托管行进行监管,托管行负责基金账户资金的划拨。基金公司、基金经理只负责投资运作和管理,基金经理不可以随意使用那些资金,只能发出交易指令。

托管行和基金公司不是利益共同体,它们分头工作,互不干涉。但是托管行有权监管基金资金的来源和去向。另外,股市收盘后,基金公司会根据现有的持仓股票计算盈亏,从而算出当天的净值,这个数据托管行会进行严格校对。这就

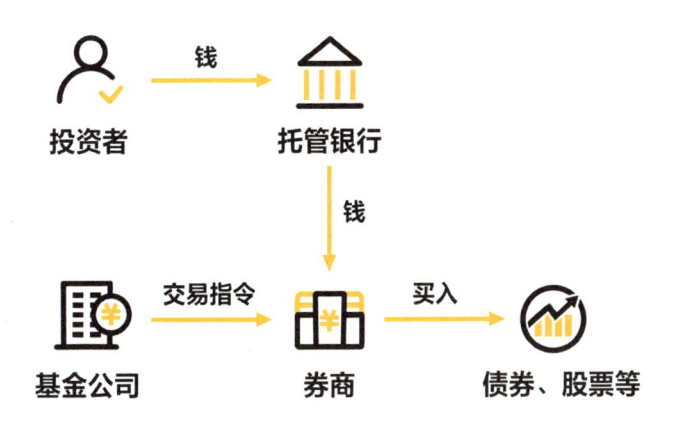

投资者 —钱→ 托管银行
↓钱
基金公司 —交易指令→ 券商 —买入→ 债券、股票等

是基金经理和资金的分离政策，所以基金经理不会也不能"偷吃"基金净值。

由此可见，"偷吃"基金净值是一个误解，大家不要因为"偷吃"这个词汇影响到自己对基金的判断。

不能买有清盘线的基金

什么是清盘线？

简单地说就是基金清盘底线。按《公开募集证券投资基金运作管理办法》的规定，开放式基金在合同生效后，当连续 20 个工作日出现基金份额持有人的数量不足 200 人，或者基金资产净值不足 5000 万元时，基金管理者应该在定期报告中予以披露。若连续 60 个工作日出现上述两种情形的，基金管理人应当向中国证监会报告并报送解决方案。

当基金到达清盘线时，经中国证监会批准后，基金管理人有权宣布清盘该基金，并变现全部基金资产，退赔给持有人。基金清盘的时间，由基金设立时的基金契约规定，当然，持有人大会可以进行基金契约修改，确定基金的清盘时间。

由于基金清盘线的存在，规模太小的基金都不受欢迎，因为盘子小，很多事情做不了。这是基本常识。当然，世界是无序的，投资总是有风险，即使大规模的基金也可能会跌到清盘线附近。投资者在投资前一定要做好功课，了解基金的前世今生，不买有清盘线的基金。

在市场行情不好时，收益负增长的基金会有很多，就连一些明星基金经理管理的基金也难逃厄运。经常看证券新闻，就会听到一些私募基金跌破了清盘底线。也有一些大的私募基金出现了动作变形，根据其多次公布的净值可以发现，其基金波动趋近于0。而当时的市场行情是大幅震荡，很多私募基金一周净值回撤达5%。两相对比，说明该基金很可能是在进行空仓或者轻仓操作。

基金一旦清盘，对管理者的影响非常大，管理费没了、赔偿损失还是其次，首当其冲的是声誉毁了，信誉没了，再也不会有投资者相信他、愿意把钱交给他管理了。为了避免清盘，在清盘的前一夜，基金很可能就会出现上面所说的变形动作。但空仓或者轻仓操作容易，实现逆转很难。当市场行情好转，特别是指数快速拉升时，大基金进场太难了，经历过濒临清盘线的折磨后，管理者的心态多少会有一些崩，又害怕高位接盘，又害怕错失良机，稍一犹豫，很可能就错过最佳建仓时机。

对投资者来说，有了清盘迹象的基金就不是好基金。投资者都有一定的常识，有基本的判断力，当基金在一段时间表现差强人意，又出现反常规操作，哪怕只是一个小小的动作，都可能会让投资者心里产生共识——这只基金恐怕要败。一旦共识产生，投资者就会争相逃跑，投资者情绪恐慌就会产生过度踩踏。那对基金就是一场灾难，对投资者也是一场灾难。

其实市场行情不好，大多数基金日子都难熬，但只要不到清盘线，就还会有无数的机会穿越周期。这就像地球要是濒临彻底毁灭，所有人都没了生还的希望，那人可能就毫无底线了，导致更早地摧毁自己、毁灭地球。有清盘线的基金基本都会如此。但如果大家知道只是遭遇了一场灾难，灾难过后还有重建的机会，那人们就会保存实力，为未来预留很大的空间。

股民们有一句玩笑话是这样说的：炒股炒成了股东。我见识过一些人，他们快速实现了财富自由，依赖的不是较高的投资水平，也不是较好的投资运气，正相反，他们依赖的是霉运，被股市套牢，卖不掉、跑不了，被迫和基金共患难，一锁就被锁几年，痛苦地干熬着。结果几年之后，大盘好转，基金时来运转，一路上扬，真是"大鹏一日同风起，扶摇直上九万里"，走出了一波让人振奋叫好的行情，财神爷开道，善财童子撒花，这些人因此一夜暴富。

当然这样的人毕竟是少数，但市场行情不好时，只要避开清盘线的基金，就是最好的选择了。

2021年、2022年市场整体行情不好，很多基金都熬得很辛苦，比如，明星基金经理张坤管理的几只基金在2021年差不多都是负收益，很多人嘲笑说，你看明星遭遇了滑铁卢。但从2022年11月份开始，市场逐渐回暖，港股出现了大反弹行情，A股则以消费板块领涨市场，很多基金都久旱逢甘雨，迅速暴涨。到2023年1月份，张坤管理的多只基金在两个月内涨幅都超过40%，为投资者赚得盆满钵满。

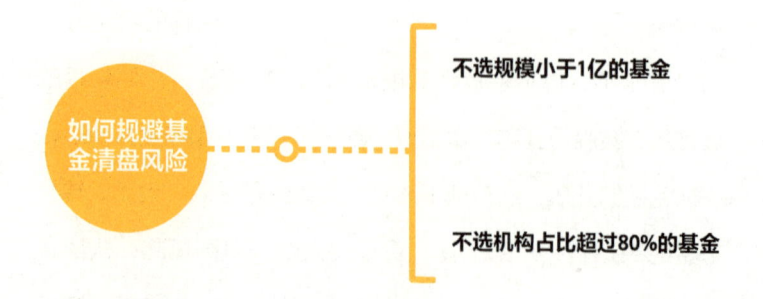

如何规避基金清盘风险

- 不选规模小于1亿的基金
- 不选机构占比超过80%的基金

只要不是有清盘线的基金,就有很多逆转的机会。世界是无序的,基金管理者都不是神仙,偶尔有一段时间可能就是踩不准点,但是只要给他个时机,他依然能维持过往的灿烂。不管怎么说,不买清盘线的基金,就是投资理财真理。

一定要买行业龙头

2022年市场处于极度悲观时期,震荡反复不断,一些没有任何问题的板块和个股也常会惨绿一片,惹得投资者心慌意乱。我就在直播间告诉他们:这时候你可以只投行业龙头。

1. 为什么选龙头

所谓龙头,就是从千军万马中厮杀出来的企业,公司基本面基本不会差,实力硬核,品牌值得信赖,具有带领行业发展的能力。

(1)选龙头赔率低

不管你是投资小白,还是市场行情不好,你都可以选择龙头，而且要搭配走长期投资路线，这样不但焦虑少了，赔率也会很低，收益却不会低。而且选龙头企业，可以不必对行情有特别精准的了解，只要不买夕阳行业，基本就不会有问题，降低了投资小白做功课的难度。

（2）A股龙头表现一直很好

在A股，自开市以来，涨幅最高的个股都是龙头企业。很多长期以来走势一直较好的大蓝筹股都是龙头。

比如，贵州茅台、特变电工（新疆新能源）、内蒙古伊利、山西汾酒、云南白药等，都是龙头企业，自上市以来就一直领跑行业。从另一个角度来说，在全国范围内，不认识这几个品牌的人大概少之又少，而且每家几代人几乎都知道。有些品牌甚至成为某些省市的标志性产品，这也是品牌能力强有力的证明。

这就是"Money is OK"嘛。以前，投资者对龙头企业的支持态度一直很坚定；以后，选择龙头企业，也会持续这样的结果。当然，这是从长期投资的角度来说的。

（3）龙头企业可以穿越周期

行情不好时，龙头企业也会回调，有时候甚至还有大幅回调，但因为背后有强有力的公司基本面支撑，到达低谷后一定会穿越周期，修复反弹，这时候反而会成为投资者布局的大好时机，果断反向操作，你就会因抄底而获得更高的利润空间。比如，遭遇宏观减速周期，"黑天鹅"影响整个股市行情等，这时有的投资者就专门盯龙头，布局龙头。

2. 选龙头企业需要注意什么

当然，选择龙头也需要注意几个问题。

（1）不买在高位

股市喧嚣沸腾时，赚钱效应较高，或者因为某个利好信息促成了投资者的共识，流动产生了溢价，这时候股价都可能已经位于高位。再好的产品，买在高位，也还是不合算。有些高位可能需要以年为单位的消化时间，所以只要是股市过热了，投资就要谨慎。

（2）做长期投资

根据"Money is OK"原则，大多数投资者都会去选龙头，有根据流动性产生的溢价，几乎所有的龙头都会有被高估的状况。如果做短线，操心太多，可能还很难保证收益，但做长线、吃复利，会很不错。

（3）龙头也是会变的

改革开放几十年来，中国的行业更新换代率还是很高的，特别是互联网时代，中国经济不断转型，龙头也会出现变化。所以，不能只看历史，还要看时代的发展方向，一定要选朝阳行业，选已经接受过验证的新兴企业。

（4）鸡蛋不要放在一个篮子里

投资要学会组合，鸡蛋不能放在一个篮子里。如果你不确定行业的未来趋势，那你可以多选几个行业，不要集中在一个行业，以此来规避风险，提高收益。

其实很多稳健型基金也会采取投资龙头的策略，聪明的小白常会依据这些基金的选股布局，来完成自己的投资组合。

总之，不管是小白，还是其他投资者，选龙头都可以大幅降低时间成本。选龙头是最讨巧的投资方式,也是最有保障的投资方式。选龙头,大概率错不了。

龙头方法论

龙头股，是指某一时期在股票市场的炒作中，对同行业板块的其他股票具有影响和号召力的股票，其涨跌往往对其他同行业板块股票的涨跌起引导和示范作用。龙头股是一波行情中核心的标的，它能够带动行业板块，并且辨识度最高、地位最高，还可以影响市场的整体情绪。

一般来说，龙头股通常是一个阶段行情中涨幅最大的股票，但并不是所有涨幅最高的股票都是龙头股。而且，机构、游资、散户等因资金量的差别，对龙头股的偏好也不同。机构资金偏好行业龙头及基本面龙头，如贵州茅台、宁德时代等，它们的龙头地位坚挺，变动小；而游资和散户偏好情绪龙头股，如振邦智能、泰尔股份等，它们的地位在行业中更新换代快，变动大。

投资者如能选到龙头股，往往就能抓住一波大行情，获得大收益。那么，我们该如何抓住龙头股呢？有以下三点特征的股票，很大概率就是龙头股。

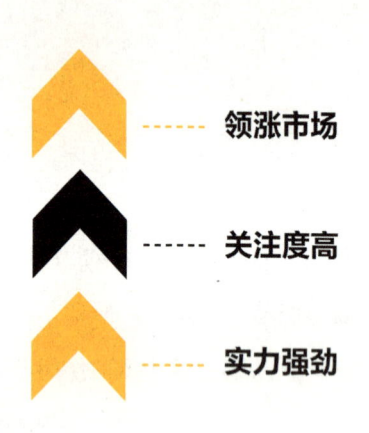

▲ ----- 领涨市场

▲ ----- 关注度高

▲ ----- 实力强劲

1. 领涨市场

一个板块或一个行业率先起势的股票，比如，具有涨停封板速度快、走势强劲并持续稳定、不反复波动、自身的涨幅会直接影响同行业其他股票等特点的，大概率就是龙头股。

2022年10月13日，某物流企业披露了前三季度业绩预告，预计归属于上市公司股东的净利润为 44.2 亿~ 45.7 亿元，同比增长 146%~ 154%。

在这个大利好之下，第二天开盘，该企业盘中就直接快速大涨近 9%。而且在它的带动下，物流板块整体走高，板块内很多企业涨幅超过 4%，部分企业涨幅甚至超过 8%。

在这个时段内，该企业就变成了物流板块的龙头股。一个成熟的投资者，在该企业披露信息之后，就可以考虑进场了。当然也要注意，如果龙头股有低迷态势，同行业中跟风的其他股票，基本也会随之低迷，一定要做好防范。

另外，龙头股一旦起势，势头往往非常迅猛，可能会出现连续涨停的情况。这时候不要犹豫，一定要果断进场，否则就有可能错失盈利机会。

2. 关注度高

如果一只股票突然因为某种原因，如国内外政策有提及或者自身业务有突破等，变得备受关注，就像是市场上的明星，而且其技术形态也非常不错，那么这样的股票也有很大概率成为龙头股。

就像明星带货一样，由于关注度高，流量就会随之变高。所以，这种高关注度本身就是一种助力，它可以给股票带来高换手率和充足的流动性。

而且，几乎所有短线高手都会关注这种具有高关注度的股票，因为这种股票的动向会影响其他股票，短线高手即使不买入这只股票，也可以借此机会短线操作其他同行业的股票。所以，无论是关注度高的股票，还是它的同行业股票，我们都可关注，寻找盈利机会。

2021年10月18日，华为官宣，成功拿下全球最大的储能项目"沙特红海新城储能项目"，项目规模达到1300MWh。这是一个超级大的储能大单，直接引发了整个储能市场的超级涨停潮。

华为即便不是上市公司，也可以点燃A股的储能行业。在18日大涨后，10月19日，储能板块继续走高，个别企业直接一字涨停，其他多股涨停，储能板块涨幅超过2%。所以，如果投资者能够及时关注华为动态，就有机会抓住储能公司的这一波行情。

另外，那些具有想象力和号召力，国家政策支持，或有潜在的自主创新能力等容易吸引投资者目光的题材的行业，也非常容易出龙头股。

3. 实力强劲

那些具备深厚实力，实力强大到可以无视利空消息的股票也有很大概率成为龙头股。一般来说，实力强劲的股票大多具备以下几个特点。

第一，真正的龙头股，在面对股东减持、证监会关注函或者其他利空消息时，也能顶住压力，不至于大幅下跌。

比如，猪肉行业的牧原股份，市场一直传闻其财务造假，但是牧原股份并没有出现大跌行情。

第二，如果一个公司可以经常调整产品价格，即有自主定价权，那么这个公司也有很大概率是龙头股。

第三，当股市回落时，不跟着回落而以横盘代替；当股市再次上涨时，涨幅更为强烈，这样的股票有非常大的概率是龙头股。

　　有这种表现的股票一般具有良好的大众基础，散户和游资等持有该股的投资者持股信心不会轻易动摇。而且这些股票还有长庄把守，股市下跌时，庄家会全力护盘，不让价格下跌，一旦股市走强，庄家就会全力拉升。

　　总之，龙头股往往出现在一群强势股中，选强势板块中的强势个股有一个小技巧：先选5日涨幅排名第一的强势板块，再选板块中5日涨幅排名前三的个股，这些个股里面大概率就有龙头个股。

　　当看到龙头股出现时，不要犹豫，如果仓位不够，要及时调仓换股，有机会最好不要错过。

市场里的"聪明钱"

所谓市场里的"聪明钱",指的是北上资金。那什么是北上资金呢?国外资金不允许在 A 股市场直接参与,但可以通过香港股票市场中转,即通过沪港通和深港通进入 A 股市场。而根据地理位置,沪深两市在"北",香港在"南",因此,从香港股票市场流入 A 股市场的资金被称为北上资金;反之,从 A 股市场流入香港股票市场的资金,则被称为南下资金。

沪港通和深港通操作起来相对比较麻烦,而且有很高的门槛,需要证券账户及资金账户资产合计不低于人民币 50 万元。所以,通常只有机构或有一定实力的投资者才具备这样的条件。因此,北上资金,被认为是市场上的"聪明钱"。

既然它聪明,普通投资者就可以关注它,根据它带来的信号来预判市场。一般来说,北上资金具备以下几个特点。

1. 预见性

北上资金对 A 股的走势有明显的预见性，有多次成功抄底的经验。它进入 A 股会提振市场信心，当然退出也会打击市场信心。

2022 年 5 月，A 股北上资金净买入是 170 亿元，一个月后，净买入已经上升到 730 亿元。资金量的猛增给整个市场带来极大的信心，在它的带动下，市场情绪从 7 月份开始，便进入到一个比较亢奋的状态。

某国际证券公司总裁助理兼首席经济学家说："尽管北上资金在整个 A 股市场中的占比还比较小，但它对 A 股股价走势有明显领先性，并且在 2016—2019 年中取得了显著的超额收益。"

2016—2019 年期间，北上资金存量的季度变化率对沪深 300 指数季度变化率就表现出非常明显的领先性。

虽然，2018 年 5 月，沪港通和深港通额度扩大 4 倍，引发北上资金的大幅流入，沪深 300 指数并没有随之上涨，但是，如果将额度扩大那段时间排除掉，北上资金对A股股指的预见性几乎100%准确。

有相当一部分北上资金持有者是经验丰富的专业投资机构，其对市场的把握非常精准。而且大部分北上资金属于价值投资类型，看好国内中长期的经济发展，看好行业和公司的长期业绩增长。所以，无论在行业内选股，还是在行业筛选层面上，北上资金的动向都值得投资者关注。

2. 提供资金

一直以来，我国对资本市场逐步加大开放，外资对A股的兴趣也逐步提升。2019年北上资金在A股余额大概是9000亿元，非常接近当时A股中融资余额的存量规模。而且，北上资金规模在2019年后仍在持续上升，已经成为A股重要的增量资金来源，对A股的影响已经上升到了不可忽视的程度。

2021年，北上资金总成交额超过25万亿元，净买入4321亿元，净买入额是2020年的2倍。2019—2020年，北上资金的活跃度和在A股的占比，增速均超过10%，2021年占比已经接近11%。

截至2022年年末，北上资金历史累计净买入已经接近1.7万亿元，持股市值超过2.3万亿元。

北上资金大量进入，不仅给A股提供了流动性，还能盘活A股内部资金，进而促进所有资金在A股内快速流动。比如，一些还在观望的投资者，可能就会根据北上资金的流向，改变仓位。

2022年12月，白酒行业进入备货旺季。北上资金乘势进入白酒股，净买入五粮液22.52亿元，至此总持仓突破1.9亿股，持仓市值突破300亿元。还有，它仅一周时间便对贵州茅台实现4.54亿元净买入，对山西汾酒、迎驾贡酒、酒鬼酒、老白干酒等也在巨额加仓。

不仅白酒股，它在一周内对食品饮料行业也实现26.5亿元净买入，对电子、非银金融、汽车、有色金属等多个行业都实现20亿元净买入。

投资者可以根据北上资金流入情况，对这些行业的后市做出判断。

3. 外资风向标

2021年，境外机构和个人持有A股的市值约为3.4万亿元，其中沪港通和深股通北上资金持股市值2.4万亿元。外资在A股自由流通市值中的占比已经达到9.8%，占A股总市值的6.2%，成为仅次于公募基金的第二大机构投资者。

随着不断对外开放，A股已经成为外国投资机构资产配置必须配的标的（MSCI因子）。北上资金代表外资，而外资主要以美股为全球风险资产的风向标，每次美股暴跌，北上资金基本都会大幅流出，因为A股经常跟随美股下跌，这些资金便会出逃避险。但是，如果美国股市大幅下跌，北上资金仍有强劲的资金流入，这对A股就是一个非常大的利好。

2022年11月，北上资金当月合计净买入600.95亿元。在指数方面，外资一直看好的A股代表性指数——富时中国A50指数，在11月累计涨幅已经超过12%。

这就是一个外资情绪回暖的信号。高盛、摩根大通等外资巨头纷纷表示，对中国市场积极看好，投资者据此可预判A股后市整体的信心情况。

虽然北上资金很"聪明"，但我们也不能盲目相信，它只是判断市场后市的一个参考而已。并不是北上资金流向哪里，我们就必须紧跟到哪里，投资者要根据自己的实际持仓情况，来进行操作。

消费者心理学在投资中的应用

在投资领域,有这样一种说法,那些能够"蛊惑"人心的产业,往往能够得到长久的发展。这个道理其实不难理解,每个人的内心当中都存在着一些深层的需求,当这些需求得到满足的时候,人的内心就可以感受到极大的满足,从此欲罢不能。而类似这样的产业,我们通常将其分为三类,分别是"黄""赌""毒"。

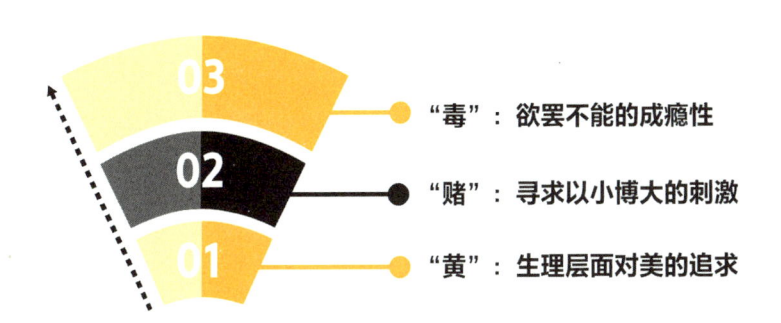

"毒":欲罢不能的成瘾性

"赌":寻求以小博大的刺激

"黄":生理层面对美的追求

1. 生理层面对美的追求

《孟子·告子上》中曾经提到:"食色,性也。仁,内也,非外也;义,外也,非内也。"饮食男女,是人类的天性,是基因中所隐藏的动物本能。无论是在什么阶段,面对美好的人或事物,我们总是会从生理层面被吸引。

在我们生活中,有很多产业,就是瞄准了消费者对美的追求,而其中最典型的代表就是明星经济。对于演艺公司来说,明星本质上是他们打造、包装出来的一款精美的"产品"。除了自身才华和专业技术以外,明星们最引人注目的莫过于出色的外表,即便是花瓶也能吸引很多的粉丝。而有了足够的流量,演艺公司就可以把艺人推向更高的舞台,获取更多的收益。

时代或许会变,市场或许会变,但人对于美好事物的追求却不会消失。所以,相应的以此为核心的产业,也会长久地存续下去。

2. 寻求以小博大的刺激

我们这里所说的"以小博大",并不是常规意义上的赌博,而是以小投入、大回报的刺激,去吸引人消费的一种经营逻辑。我相信很多人都做过一夜暴富的美梦,但依靠平时的积累,很难实现这种愿望。所以,有些产业就针对人们的欲望,推出了各种各样抽奖类型的产品,虽然概率极低,但依然能够诱惑很多人来"以小博大",期待自己会成为那个幸运儿。

比如,我们生活中常见的福利彩票、体育彩票,虽然中奖的概率不高,但依然可以吸引很多人源源不断地去购买。再如,现在在年轻群体当中非常流行的盲盒,其实也是另外一种形式的"彩票"。只不过,彩票是用物质层面的利益去吸引人来消费,而盲盒针对的是人们的收集癖好与猎奇的心理,通过在系列产品中加入特别款、隐藏款的设计,吸引人不断购买。

在现实生活中,拥有赌徒心态的人不在少数,只要内心当中寻求刺激的火没有被熄灭,无论是赌赢还是赌输,都会继续赌下去。

3. 欲罢不能的成瘾性

有些产品能使消费者在生理或心理层面上瘾。对于企业来说，消费者一旦成瘾，意味着已经养成了一种固有的消费习惯，之后自然是源源不断的复购。

这类迎合人类深层需求的产品，确实能够让很多人欲罢不能。但从投资的角度来说，如果我们处在一个稳定或者上升的商业时代，消费者收入稳定，未来发展前景光明，他们确实愿意为自己的嗜好买单；但不巧的是，我们现在处在一个市场盘整、消费降级的时期，比起满足自身的某些嗜好，人们的消费会更加理性。所以，从 2022 年来看，这类企业也遭遇了困境。

以盲盒产业中的佼佼者为例，进入 2022 年之后，该企业的股价一直下跌。当年该企业的一个珍藏版的手办，在海外能卖到 1 万元以上，但现在由于业绩失速，股价暴跌，产品的价值也在不断下降。

之所以会出现这样的问题，原因很简单，在疫情的冲击下，很多人的收入受到了影响，为了满足日常开销，自然只能放弃自己的某些嗜好。而企业的业绩不断下滑，投资者也会失去信心，从而选择放弃该企业。

我们必须理解"饱暖思淫欲"的道理，只有在有丰富的物质储备和稳定的生活环境时，我们才会有信心、有兴趣去布局这类产业。

比如数字货币也是典型的盛世产物。在全球经济欣欣向荣的时候，马斯克一直在积极地宣传和购买相关产品。但当美国的经济陷入困境后，马斯克又果断地抛售了75%的该产品。这一番操作其实说明了马斯克也明白，在经济低迷的环境下，投资数字货币并不能带来充足的收益。

很多人都认为这三类产业是可以长期投资的三种选择，但由于时代的变化，这种本就不严谨的"定律"进一步失去了效力。所以，作为投资者，我们不要人云亦云，而是要独立思考。要知道，巨大的回报往往都是独立思考之后得到的。

消费品是压舱石

在谈消费品之前,我们先来了解一下**社零增速**,因为社零增速数据对消费品板块有很大影响。2009—2018 年,我国社零(社会消费品零售总额)十年复合增速达到 10% 以上,2019 年约为 8%,到了 2021 年则下降到约为 4%,如果算上通胀基本上是负增长。

总之,疫情之后,社零增速不断下降,什么时候能够稳定回升,无法预知。伴随而来的,是消费在很长一段时间内都游离于大家的视野之外,变得冷清,不再是热点。在很多人看来,疫情当下的消费面临着诸多困难:消费场景缺失、消费能力下降、消费信心不足,以及企业和政府等社会面消费的疲弱,等等。所以有些人对消费品板块已经失去了信心,有些人甚至直接割肉离场。

沧海横流,方显英雄本色。越是在这样的时刻,消费品的压舱石作用才越会体现出来。消费场景和消费信心都是可以修复的，2022年8月，相关数据显示，PPI-CPI首度转负，为-0.2%，结束了长达19个月为正的状态。当上游的价格回落，而下游的价格上升时，消费作为终端需求的代表，基本面开始边际改善，市场也逐渐开始偏爱消费行业。

消费是我国经济增长的主要引擎，根据过往行情来看，无论经济如何困难，消费品都是一个常年穿越周期的板块，是所有成功的基金经理和投资人喜欢的一个板块，也是备受资金尤其是大资金关注的一个板块，未来还有很大上涨潜力。

消费品的弱势是暂时的，在社零没恢复的时候，对于消费品要注重大势。2022年面对消费品板块我只想说一句话：**买消费品不能急，它是压舱石**。投资消费品，不要问涨跌，要把目光放长远，守得住现在，未来才有收获。那么，为什么消费品板块具有压舱石作用呢？

1. 消费品是防御型资产

之所以说消费品是防御型资产，主要有两个原因：首先，当经济恶化，就会出现通货膨胀的风险，而通胀会损害那些高估值资产以及新兴成长类的行业，但消费品却是通胀受益型行业。2022年消费品板块经过调整后估值处于合理的配置区间，通货膨胀导致物价上涨，相关企业收入增加，因此无须过于担心通胀所带来的影响。

其次，有些消费品的业绩增长和经济周期波动的关系并没有那么强。比如，"柴米油盐酱醋茶"等生活用品，与民生关联性强，与经济关联性弱。尤其像乳制品、调味品、猪肉鸡蛋、啤酒饮料等民生类食品和相关板块，具有非常强的防御性。比如，像酱油这种调料品，经济上行期老百姓要用，经济下行期老百姓也要用，哪怕价格有一定涨幅，也不会引起大的消费波动。但是对于企业来说，即便涨幅很小，但因为这是消费品，购买频率相对较高，所以会给企业的收入带来很大的提升。

总之，在2022年经济大环境不确定性、通货膨胀预期较强的情况下，消费品板块的估值经过2021年一年的调整，已经具有很高的投资价值。

2. 消费品有抗经济周期属性

从2020年到2021年，我国GDP连续2年超过100万亿元，2021年还突破了110万亿元大关，占世界经济比重也进一步上升，创下了近10年来的新高。2021年我国经济增速为8.1%，当然这与2020年较低的基数有很大关系。

从数据来看，经济似乎一片向好。但是，2022年经济的实际情况如何，每个人都有切身体会。疫情之下，很多公司，尤其那些中小微企业的元气还远未恢复，企业裁员更是常态。

经济调整，给GDP增速施加了很大压力，这时候消费品的抗周期性就完美地表现出来了。很多消费品公司的经营业绩并没有因宏观经济的影响而陷入低迷，比如，某品牌榨菜通过降低单品重量的方法对产品价格进行了变相的提升，这种非直接涨价不会对销量有较大影响，而企业的营业收入却会明显提升。而且很多生活必需品不仅没有受到影响，还打破了消费品板块僵局，稳住了整个消费品板块，带动了其他消费品上涨。因此，在经济环境面临压力的时候，消费品反而是非常适合布局的优质资产。

还有更重要的一点，消费品正处于需求改善周期，餐饮端整体走势有望得到改善。2021年10月，单月社会餐饮收入约 4460 亿元，同比上涨 2%，已经开始呈现弱复苏态势。家庭端居民消费也更加谨慎稳定，工业加工端则最为乐观，颇有强势复苏态势。

需求复苏是消费行业反转的关键，其中最不确定的因素是疫情能否得到有效控制。随着百姓防控意识的提高，以及政府对疫情的防控和处理经验的不断累积，疫情即使反弹也很可能会在短时间内得以控制，从而保证经济健康复苏。

消费作为拉动经济的"三驾马车"之一，是畅通国内大循环的关键环节和重要引擎，它的压舱石作用还在不断凸显。疫情之下，我们要对消费品保持信心。

影响 A 股的六大因素

股票是一种非常普遍的投资工具，相较于周期长、回报率固定的理财工具，股票投资不仅周期灵活性高、资金流动性强、回报率高，还可以在一定程度上满足投资者的一夜暴富的心理。

但是股票投资相对比较复杂，很多投资者初入股市，大多不知如何整合市场信息分析基本面。影响一只股票走势的有很多因素，虽然不能全部归纳起来，但其中也有一定规律。

2019 年 12 月出现新冠肺炎疫情，2022 年 2 月爆发俄乌冲突，这两大事件对全球股票市场产生了巨大影响。在此背景下，我国 A 股面临更加巨大的压力，为使投资者更加了解当下新的股票市场环境，我总结了影响 A 股走势的六大因素，以供大家参考。

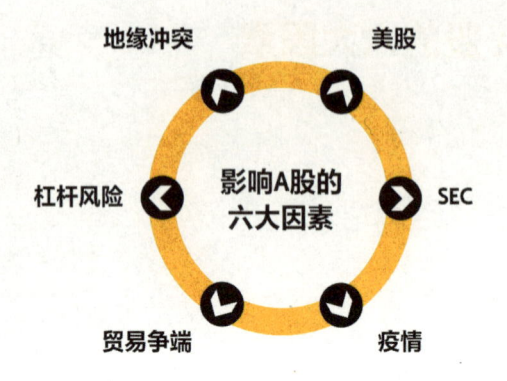

影响A股的六大因素：地缘冲突、美股、SEC、疫情、贸易争端、杠杆风险

1. 地缘冲突

截止到 2022 年年底，俄乌冲突已经持续了将近一年时间，在这个过程中，无论股票市场还是大宗商品市场都比较悲观，厌恶情绪明显。地缘冲突，不仅给冲突双方带来极大的不确定性，全球经济也受到了诸多负面影响。俄乌冲突以来，全球股市主要指数都存在一定跌幅，中国、欧美等主要经济体的股市更是明显回落。

2022 年 3 月，欧盟把 7 家俄罗斯银行排除在 SWIFT（国际资金清算系统）之外，伦敦交易所和纽约交易所将俄罗斯公司股票全部除名，壳牌也宣布将终止与俄罗斯天然气工业股份公司的合作关系。2022年4月，俄罗斯总统签署俄海外上市公司退市法令，法令要求所有俄罗斯企业都要从国外退市。

无论谁制裁谁，各方都会受到伤害。冲突爆发后，短期内股市、外汇等风险资产通常都会受到较大冲击，投资者避险情绪升温，黄金这样的避险资产会备受追捧。

俄乌冲突改变了世界格局，全球经济格局正在重构，当然这会是一个缓慢的过程。作为投资者要对俄乌冲突有一个清醒的认知和判断，在操作过程中，一定要结合自身情况，做出合理预判，争取最大限度地减少自身损失。

2. 杠杆风险

2015年，A股经历三轮股灾，大量融资资金爆仓。爆仓之后，很多公司都更换了大股东，整个市场哀鸿一片。到了2022年，A股市场仍存在杠杆问题，处于加杠杆之后的稳杠杆阶段。面对低迷的A股市场，很多证券公司对融资投资者发出杠杆预警和清仓预警，很多私募基金被迫清仓。

2022年，有532只私募基金清盘，其中到期清盘34只，提前清盘498只，包括51只规模过百亿元的私募基金。还有一些基金出现大幅亏损，私募基金淡水泉、景林亏损基本达到15%，公募基金易方达亏损基本达到20%。

如果上市公司有高比例的股权质押，我们就需要注意它们质押爆仓的风险。

3. 贸易争端

2018年3月，自美国对从中国进口的600亿美元商品加征关税以来，中美贸易常有摩擦，很多中国企业被美国列入SDN清单。SDN清单带有金融制裁属性，被列入SDN清单的实体，使用美元甚至欧元进行交易均可能遭到限制，对相关实体公司的国际贸易也会产生严重影响。

比如某企业的主要业务是生产监控摄像头等安防设备。在全球安防市场中，该企业的占比份额高达40%。2021年，该企业创下实现814.2亿元的营收，同比增长28.21%的营收纪录。但该企业在被曝可能被列入SDN清单的当天就直接跌停，之后连续下跌，市值大幅降低。

贸易争端不仅直接影响了Ａ股上市公司的利润和业绩，也让它们承受了巨大的转型压力。很多上市公司未来将会在曲折的探索中前行，业绩难免会起起伏伏。所以，投资者要时刻关注中美贸易竞争情况，自己持有的相关股票如有风吹草动，须及时想好应对方案。

4. 美股

我国与美国在贸易领域虽然常有摩擦，但随着经济全球化不断推进，相互间的经济联系依旧非常紧密。美股是全球股票市场的锚，每一次美股加息缩表，都会给Ａ股带来震荡。虽然Ａ股不乏资金流入，但从历史来看，在美股强大的压力下，Ａ股几乎没有走出过独立行情。美股暴跌，Ａ股基本跟跌；美股上涨，Ａ股基本不会跟涨。当然，还有一种可能就是，Ａ股指数基本不受影响，但个股受影响极大。

2022 年 7 月，美联储宣布新一轮加息决定，增加 75 个基点，虽然不是预期的 100 个基点，但仍属于较大力度的加息。这次加息引发市场对于美国经济衰退的担忧，美国衰退，我国外贸公司就会受到影响，哪怕是需求火爆的光伏产品，也会随之受到影响。

美联储加息的基本逻辑是，加息使美元指数升值，引发 A 股市场资本外流，A 股下跌；美联储降息正好相反。每一次美联储降息或者加息都会给我们提供操作的机会，进场或离场，加仓或减仓。

5.SEC

SEC（美国证券交易委员会）是直属美国联邦的独立准司法机构，负责美国的证券监督和管理工作，是美国证券行业的最高机构。2017 年以来，SEC 一直重拳出击中概股，很多中概股被迫退市。

2022 年 7 月，SEC 更新一批"预摘牌名单"，阿里巴巴、蘑菇街、猎豹移动等中概股企业被加入名单。

SEC已先后将包括百度、京东、哔哩哔哩、拼多多在内的159家中概股企业列入"预摘牌名单"。其中153家因无法在限期内证明不具备摘牌条件已被转入确定名单。

中概股的不确定性在持续变高，当然，虽然SEC和A股一直在激烈博弈，但是预摘牌并非一定要摘牌，有些中概股还有留在SEC的机会。市场上有很多人热衷于投资中概股，希望大家在进场时要密切关注相关公司基本面的变化，回避高估值风险，放低短期收益预期。

6. 疫情

2022年11月，世卫组织网站最新数据显示，全球累计新冠肺炎确诊病例已达6.3亿例，死亡病例更是达到近660万例。在此期间，美股指数、期货指数接二连三发生熔断，A股也处在低位徘徊，疫情无论对人类健康还是经济仍然存在巨大威胁。

从历史来看，每当经济下行，制造业与成长板块通常会面临更大压力,而消费品板块一直相对稳定,其股价表现常常会更加突出。当疫情得到有效控制,经济企稳时,那些压力大的板块会率先反弹。所以,投资者在选股时,要根据疫情阶段形势,注意板块轮动情况,及时调整持仓。

在疫情与地缘冲突的大背景之下,全球经济还不容乐观,投资者要时刻警惕风险,宁可错过,也不可犯错。

真正的短线

对普通投资者来说，短线几乎是致命的，去捕捉那些瞬间出现的机会，不仅会引发人的焦虑，还可能让钱袋子大幅缩水。

刚进入投资市场的小白，凡是做过一点功课的，都知道这样一条警告：股市有风险，不要炒短线。可惜的是，很多人管不住自己，把握不了"人性+常识"，说着价值投资，看到下跌就想跑，看到上涨就想追，投着投着就炒成了短线。就算跑得快、追得好，频繁地换手也容易把人拖垮。

虽然大多数人谈短线色变，但其实短线是有其合理性的，它基于行为金融学。对于懂金融、看透人性的投资者来说，短线也是"黄金"。金融大鳄乔治·索罗斯就是短线爱好者。

1. 什么是短线

所谓短线，就是指持有时间较短，一般为一天到一周的时间，多的也就一个月，快进快出，玩的是心跳，赚的是立竿见影的钱，还能避免大跌踩空。它区别于长期投资。巴菲特的价值理念就是长期投资，所以在买入股票前会去考察公司的经营状况，做丰富的调研。

短线大多不会考虑公司的基本面，有肉就吃，见利就追。短线高手能在机会成本较低的情况下，让资本快速增值。什么叫机会成本呢？简单地说就是为了做某件事而需要放弃的东西，主要是指时间价值和利益。长期投资需要漫长的等待，时间是增值的条件，短线则避免了等待时间。

2. 短线的逻辑

真正的短线，依据的正是有效市场假说，玩的就是认知碾压，也就是看市场上的共识。因此，本质上说，短线就是一场博弈，资金和人心的博弈，就像击鼓传花，赚的是亏的那拨人的钱，而不是公司实际利润增长带来的分红收益。

比如，我前面说过的"打板俱乐部"，他们就是短线操作者，对他们来说，看到某只股票涨停，打板买入，根本不考虑公司涨停是不是因为经营业绩好、未来可期，他们只是赌投资者的共识。既然出现涨停，代表买盘力量强悍。根据有效市场假说，大家都相信：好的东西才能鼓动大量人来买。涨停之后几天内，肯定会有很多人接盘。如果第二天涨势依然很强，他们也不会卖，直到涨不动了，他们会迅速出手，获得快钱。

"打板俱乐部"赌的就是利好以及80%投资者对利好的预判。当然，既然是赌，也有可能赌输了，所以，短线也有失败的概率，不是每一次买涨停板都能获利。手握大资金的是不敢拿全部资金这么玩的，因为赌不起。经常有段子调侃"有人靠打板，从10万滚成了两个亿"，这大概率是玩笑了，除非硬币的两面都一样，赢钱的概率才会是100%，否则光靠打板，风险太大。

相对中线来说，短线所需要的资金较少，一般几百万就可以炒短线，成为庄家（影响市场行情的大户）。而且短线所需要的筹码（投资者手里的股票数）也较少，可以快速收集完成，保证了短线炒作的动作便利快捷。

短线炒作一般会集中于题材股，因为题材股更容易出现

4. 逃顶想逃在这里

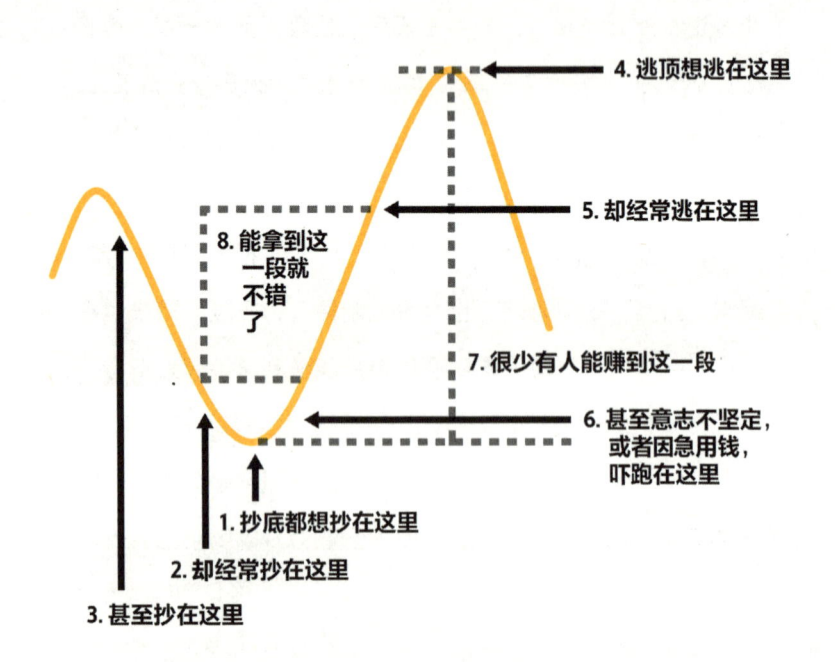

5. 却经常逃在这里

8. 能拿到这一段就不错了

7. 很少有人能赚到这一段

6. 甚至意志不坚定，或者因急用钱，吓跑在这里

1. 抄底都想抄在这里

2. 却经常抄在这里

3. 甚至抄在这里

流动性溢价，短线获利机会较多。其实在任何市场行情下，短线可操盘的机会都比较多。比如，个股超跌后引发反弹，个股落后板块会出现补涨等；另外，出现利好、利空机会，可以通过打时间差、预判别人的预判来进行短线操作。

相对中线来说，短线比较好操作，但其实短线更需要悟透人性，也更需要纪律。对普通投资者来说，学习短线技巧来炒短线也不是不行，只是要做到：学艺要精，纪律要严，操作要果断，风控要做好。

实地调研新能源电池产业链后的反思

2022年1月,宁德时代连续杀跌,创业板也随之萎靡,市场空头气氛浓厚。当时有人断言,现在的宁德时代就是2021年的贵州茅台,还会继续下跌甚至暴跌。相反,我当时却认为宁德时代很可能会逆市上涨,而且不排除有快速上涨的可能性,当然也不会涨得过于夸张。

宁德时代是新能源,贵州茅台是消费品,二者之间有着本质区别:消费品无法为国家解决实质问题,但新能源可以。新能源不仅在我国,在全球都具备极其重要的战略地位。作为新能源电池龙头,宁德时代只要保持定力、不乱动,它的上涨大概率会水到渠成。

为更深入地了解新能源电池市场,2022年1月,我和同事们开始调研整个新能源电池产业链,实地走访了四家公司,分别是两家上市公司和两家非上市公司。调研结束之后,得出了两个结论。

1. 从长期趋势来看，新能源电池产业链存在泡沫的概率很低

在新能源电池行业，有一种观点非常流行，有不少人认为新能源电池产业链存在泡沫，主要原因有两个：第一，新能源汽车厂和新能源电池厂什么都没有，股价上涨是因为市场给了它们很多资金和非常高的估值，而不是依靠自身实力。第二，新能源电池行业竞争非常激烈，小鹏、蔚来、理想、比亚迪等很多新能源汽车公司都在布局，扶持自己的嫡系。而且竞争不仅来自国内，还来自国外，比如韩国 LG 也是很强的竞争对手。

在这些人看来，新能源电池产业不仅存在泡沫，而且泡沫巨大，宁德时代就是典型代表，本来市值就已经虚高，却还有券商对其估值一度高达 10 万亿元。

我是不赞同这种观点的，下面就给大家分析一下原因。首先，我们先来了解一下新能源电池产业链的情况。产业链的上游是正负极材料和隔膜公司，正负极材料最具代表性的

公司是当升科技和中科电气，隔膜最具代表性的公司是恩捷股份；下游是组装电池组公司，最具代表的就是宁德时代，宁德时代的电池一部分用于新能源汽车，一部分用于手机和储能设备。

在调研中，我发现几乎所有新能源电池产业链上的公司都有一定关联。比如，隔膜公司和新能源汽车公司都在扶持电池公司，宁德时代也会出钱给恩捷股份生产隔膜，而且无论是恩捷股份还是宁德时代，它们在一级市场都在大干快上。一级市场的大干快上，会在二级市场慢慢体现出来。

2022年整个新能源汽车产业链的供货量仍是供不应求，宁德时代一直加班加点地生产，完全看不到衰退的样子。所以，这个领域完全不是大家想象的那样存在泡沫。

2. 宁德时代会在曲折中前行

竞争无处不在，资本永远在重新分配的路上。资本是逐利的，它的规律是投资公司使其上市，然后退出来，再把赚到的钱投资到另一个经营模式相似的公司，让其上市，如此循环，这就叫作资本的重新分配。

有人认为，资本的重新分配虽然不会使整个行业改变，但会导致其中的公司不断变换。所以，演变到最后可能会出现这样的情况：在二级市场，新能源电池产业链欣欣向荣，但宁德时代被淘汰了。

在我看来，宁德时代远没有大家想象的那么糟糕，仅以此就说宁德时代风光不再是非常不负责任的。

首先，大势还在，节能和新能源技术是21世纪人类最具潜力的技术之一，这一点毋庸置疑。新能源技术改变了人们的生活，作为新能源领域的重要组成部分，新能源电池工业已成为全球经济发展的一个新热点。以锂离子电池、钠离子电池为代表的新型电池产业步入了高速成长期，产业规模增长迅猛。整个新能源趋势还在，储能的大方向也没有改变，只要趋势还在，宁德时代就有基本盘，只是在某些细分领域会发生变化。比如，固态电池可能不再需要隔膜，钠离子电池需要改变隔膜。当然，至于宁德时代未来在钠离子电池方面是否能够占据足够优势，这一点确实存在变数。

其次，宁德时代在一级市场仍在加快步伐迅猛发展，订单源源不断，产能非常充足。我们调研了江苏一家一级市场公司，这家公司共有四条生产线，其中三条给了宁德时代。这家公司刚启动，估值就到了30亿元。相比之下，很多同产业链上的已经上市的公司市值却还未过百亿元，所以对比这家公司，二级市场很多公司股价其实是偏低的。而且市场还存在惯性，投资者一旦熟悉某只股票后，就会持续关注它的动态，当股价经过市场充分消化后，在市场产生新热点之前，大家还会掉过头来再去关注宁德时代，有关注就有动力。

所以，长期来看，以宁德时代为代表的新能源电池产业链公司，它的估值经过市场充分消化之后，还会有更好的走势。

定价权非常非常重要

一个公司能自由定价，就拥有了强大的护城河，会碾压大部分竞争者，在遭遇"黑天鹅"时，也能安稳穿越周期。

1. 什么叫有定价权的公司

简单来说，有定价权的公司就是可以不受同类产品价格影响，可以自由定价的公司。比如，苹果、茅台都是有定价权的公司。苹果每一台新推出的产品卖多少钱，哪怕手机厂商已经给市场定了基调，它也不会受影响，该怎么定价还怎么定价，即使价格超出同类产品很多，依然有大量人买单。茅台就更不用说了。

为什么有大量人买单？因为该公司建立了强大的品牌心

智。巴菲特曾经重仓投资可口可乐，就是因为当时的可口可乐几乎是饮料的代名词，人们提到饮料，基本专指可口可乐，这就是高度占据消费者心智的体现。如今的中国越来越重视打造品牌，品牌心智也成了一个很重要的名词。

2. 有自由定价权的公司是投资的圣杯

不懂投资的小白，投拥有自由定价权的公司，长期持有，基本没有后顾之忧。因为拥有定价权后，公司会得到很多利益。

（1）随时涨价

为什么苹果价格虚高，却无法阻挡购买者蜂拥而至，更无法阻挡苹果在价格领域继续登高？因为涨价，就是要让品牌独一无二，成为普通消费者心里的"只可远观而不可亵玩"的存在。这是人性的弱点，越是够不着的，越觉得好。

女性们大多爱买LV、爱马仕的产品。有一段时间，舆论都在diss（批评）这些奢侈品品牌的质量不好，一双拖鞋穿了两天就掉皮了，一个背包刚背出去就开胶了……后来这引发全网大讨论，酸的、痛的、甜的、辣的，一番讨论后，大家得出结论，穿这种奢侈品品牌的人，是不需要走路的，所以，如果你还需要自己走路，那就不适合买奢侈品牌。

这个结论看似搞笑，实际上却一语中的，奢侈品不是用来消费的，是用来攀比的，它卖的不是产品的性能，而是一种"荣誉""地位"。所以，它敢随手就涨价，它也需要随手就涨价，因为保证了品牌的荣誉地位，就能保证它在消费者心里的价位。

（2）穿越周期

三年疫情，美股惨不忍睹，但LV一路长虹，三年业绩涨了70%，成为股市里的一个传奇，成功穿越周期。这就是因为LV有自由定价权，占据了消费者的心智。只要有富人在，公司的市场就不会垮塌。

（3）无须和竞争者PK

任何一种产品都摆脱不了后来者的复制和超越。很多企业，特别是改革开放初期创立的企业，大多不重视品牌效应，没有营建起护城河，就会陷入无限的竞争之中，不断被后来者追赶、打击，只能使出浑身解数来创新，弄得精疲力竭却效果不佳。

但对有自由定价权的公司来说，它已经成了神仙般的存在，根本不屑和人竞争，也没人能和它竞争得了。最近几年互联网行业大大推动了白酒企业的发展，那么多优秀的后起之秀，都标榜是"下一个茅台"，但没有一个能成为"下一个茅台"。其实和茅台对比，本身就输了。要想建立一个占据消费者心智的品牌，得从消费者的心理入手，而不是去和茅台叫板。

某牛奶企业当年和茅台被称为"消费双雄"，但这些年，茅台一直在涨价，它却一直在降价。它的产品不够好吗？当然不是，只是因为：一方面，茅台是有护城河的；另一方面，品牌需要占据消费者的心智。

在任何全球性的活动或者国内大型活动里，你都会看到很多大品牌的身影，比如世界杯、冬奥会上的蒙牛、伊利，它们大力砸广告，就是在深耕品牌，希望成为消费者心里唯一的认知。人们一想到牛奶，就会想到蒙牛、伊利，这就让后来者没有了竞争机会。所以，股价跌了，蒙牛、伊利敢大幅回购，但那家牛奶企业是不会的。

又能随时涨价，又有持续不断的拥趸，这样的企业不就是用脚投都能获利的投资圣杯吗？

3. 自由定价权的几个常识

不是品牌知名就是有自由定价权，也不是比同类品牌卖得贵就是有自主定价权。投资者一定要仔细区分。

（1）日常消费品行业出不了拥有自由定价权的公司

因为日常消费品是人们随时见、随手用的，和人的接触率太高，没法形成高度神秘感，也无法给人以超越他人的荣耀感，所以基本出不了拥有自由定价权的公司。

某企业是粮油界巨擘，它刚上市时，曾被人说成是"粮油界的茅台"。但其实二者没有可比性。茅台的毛利率非常高，回顾一下20年来茅台的价格涨势图，再看看该企业产品的价格涨势图就能明白。茅台敢随手涨价，但该企业如果随手涨价，立刻就会从行业龙头上被赶下来。

零食里的三只松鼠、良品铺子，火锅界的龙头海底捞等都是消费者特别喜爱的品牌，它们的价格也都超越同类产品。但这些品牌没有多强的护城河，价格高也不会超出一定的范围，而高出的价格还要用服务、营销等来补足，否则消费者就不会买账。

日常消费品都是要和消费者混脸熟的，你几天不出现在大众视线中，再出现时基本就没人记得你曾经的美好了。脸太熟的来不了"高冷范儿"。

钟薛高刚出世时，打造的定位就是"雪糕中的奢侈品"，价格贵得超越人们的常识。借助互联网营销的势头，它也的确享受了一波红利。你说它拥有自由定价权吗？2022年夏天，网络上一顿关于"雪糕刺客"的哄闹，就让钟薛高无法再摆"高冷范儿"了。后来钟薛高又推出了平民款雪糕，一旦放下身段，就更没机会自由定价了。

（2）自由定价权的障碍

一旦拥有了自由定价权，企业就拥有了强大的护城河，但也不是完全的安枕无忧。

某企业称为"药品中的茅台"，因为历史悠久，又是官廷秘方，加上配方里有大量昂贵的中药成分，在南方是非常受欢迎的药品，药效一度被传得神乎其神。它拥有自由定价权，自上市以来，价格也是扬帆远上。

不可否认，该企业的确是稀有的好公司，它的秘方一直没有公开，品牌的护城河早就高高建立起来了。但在投这样的公司时，还是要结合政策法规来看待，不过作为长期投资的产品还是没有问题的。

（3）特斯拉为什么敢大幅降价

一旦走了高端的路线，品牌就很难平民化；相反，一旦平民化，品牌也就难以再高端起来了。但这个规律似乎不适用于特斯拉。特斯拉就是敢在高端和中低端来回自由切换。这怎么理解呢？

马斯克是一个异类，他是非常善于营销的人，什么火星计划、卫星链、脑接口，一顿操作猛如虎，全球人对他的认知就是，这个人不是疯了，就是太牛了。他推出特斯拉，一开始走的是高端路线，这符合他的人设，加上高端营销手段，很快就占领了高端市场。此时的特斯拉是有自主定价权的。但最近几年，马斯克公开了电动车的专利，同时，特斯拉频繁降价，甚至每次降价幅度都很大，特别伤害老用户的感情，曾引发老用户的不满。但特斯拉一如既往。很多人看不懂马斯克。其实马斯克的目标不是打造一个奢侈品牌，他有更宏伟的计划，他要做的是数人头，就是让全球每个人都成为他的用户。他的确是疯子，但他也的确是大牛，自由定价权对他来说太稀松平常了，他要造个惊天动地的大事出来。

人类可以极度佩服大牛，但股市却不给疯子解释的机会。2022年，特斯拉一路狂跌，股价跌了将近70%，据估计，一年内特斯拉就跌没了两个贵州茅台。这让很多投资者损失惨重，叫苦不迭。只是不知道这样的教训，是否会让投资者对马斯克这个人有更多的解读。

个例不常有，我们还是说回常识。按照常识，拥有自由定价权的企业，是值得信赖的投资标的，投资者可以果断进行选择。

什么是利好，什么是利空，什么叫预判

股市里经常会听到利好、利空、预判，这一节就来解释这三个概念。

1. 什么是利好，什么是利空

简单说，公司发生了一件好事，就是利好，或者政策法规、外界环境发生了某种变化，能促进公司提高业绩，也是利好；相反，公司发生了一件坏事，就叫利空，或者政策法规、外界环境发生了某种变化，会使公司发展受限，也是利空。比如，国家扶植芯片行业的政策，对芯片行业就是利好；"双减"政策对培训行业的上市公司就是利空。

一般来说，利好包括以下因素：国家颁布宽松的货币政策；

```
        ┌─────────────┐
        │ 什么是利好， │
        │ 什么是利空， │
        │ 什么叫预判   │
        └─────────────┘
   ┌──────────┐     ┌──────────┐
   │ 利好：    │     │ 预判：    │
   │ 公司发生  │     │ 提前判断  │
   │ 一件好事  │     │          │
   └──────────┘     └──────────┘
        ┌──────────┐
        │ 利空：    │
        │ 公司发生  │
        │ 一件坏事  │
        └──────────┘
```

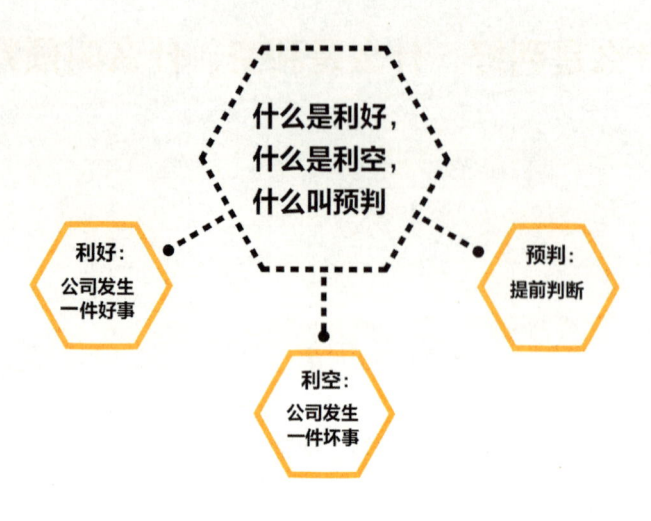

银行存贷利率下降；上市公司业绩良好、分红、回购、重组；股市行情好，投资者赚钱效应高（有越来越多的用于消费的资金也进入股市）；等等。

利空包括以下因素：国家推行紧缩的货币政策；银行加息；外围股市（国外的股市）遭遇重创；上市后公司业绩不良、领导者有违纪现象、出现了重大财务危机等；股市整体行情不好，看空的较多，抛盘引发踩踏，股市资金不断外流；等等。

政策、经济、军事、外交等方面的变动都会对股市形成利好或者利空。因此，投资者只有眼观六路、耳听八方，密切注意各方面的动向，提前做出投资调整，才能避免踩雷踏空。

2. 利好和利空可以相互切换

利好和利空并不是一成不变的，当遭遇市场共识，二者会出现相互切换的现象。

举个例子，某公司正遇上好政策，此时又融到了一笔数额较高的资金，预期可以让公司一年内业绩增长十倍，这是利好，因为业绩增长，所有投资者都能获利。但年底公告出来，该公司业绩只增长了八倍，这就是利空了。为什么？因为业绩增长十倍已经成了大量投资者的共识，这就有了流动性，而流动性会产生溢价，股价贵了，实际上公司盈利却没达到预期，自然是利空。

任何一条信息在没有成为大众的共识前，只看好坏就可以判断是利好还是利空。如果你是因为大众共识才看到信息，那所有信息对你都是利空，因为你一旦行动，就会成为接盘者。

3. 认知碾压就是能做到预判别人的预判

任何一个消息出现，大家都会对市场做预判。所谓预判，顾名思义，就是提前判断。上面例子里预期业绩增长十倍就是预判，增长八倍则是事实。正是预判的存在，推动股票暴涨暴跌，形成周期。当投资者预判可以增长十倍时，就会大量买入，形成流动性，流动性会推高价格，提前消化了利好。很多人没有对此做出预判，就可能会高价买入，业绩一被公告，就成了利空，高位点买入的肯定会有亏损。

棋局上有这样一句话：走一步看一步是庸者；走一步算三步是常者；走一步定十步是智者。要在股市里赚钱，就要能预判别人的预判。因为大多数人的预判只会形成共识，而共识很多时候是陷阱，只会吸引"韭菜"来接盘，只有超越共识，预判了别人的预判，才能形成认知碾压，才能赚钱。

还以上面的案例为例，如果你预期公司只增长七倍，市场预期公司会增长十倍，你就会非常谨慎，可能会买入，但不会买在高位，当市场的哄炒气氛越热烈，你可能就越要远离。最后公告出来，虽然增长了八倍，但你还是在认知上碾压了大部分投资者，所以你会赚到钱。

同样，共识也会提前消化利空。比如，某个公司因为一项违纪出现了利空，但股票却上涨了，这是为什么呢？首先，可能是因为大盘整体行情好，带动了个股的攀升；其次，在利空出现前，股市已经形成了共识，个股已经提前下跌。利空出现时，股价已经跌到大大低于公司的实际分红价值，这时候就会有人来抄底，自然会出现一波上涨。

总之，在股市行走，看任何一条信息时，我们都要加上时间因素以及共识形成的时间通道。能预判80%投资者的预判，才能最终成为赚钱的那20%。

跌到一定程度的时候，
任何利好都是重大利好

跌到一定程度的时候，任何利好都是重大利好，为什么？

其实与它对应的还有一句话，就是涨到一定程度的时候，任何利空都是重大利空。其实这两句话很好理解。

根据周期理论，市场不会跌穿成无底洞，总有到头的一天。股价跌得很多，蓝筹股都已经被严重低估，这意味着股市已经消化了所有的利空，市场在等待一个转折的契机，此时任何一件好事都是重大利好。它的珍贵无异于溺水于大海里的人抓住的一根稻草，会带来无限的生机。

这时候即使再出现利空，市场上的反应都不会太大。比如，在大熊市末尾，投资者都变成了树懒，动作非常慢，这时候外围出现了一个利空，A股可能会受影响，但股价波动一般不会太大。因为没人在乎了，反正该割肉的早割了，剩下的都被套牢了。黎明前的黑夜通常是静悄悄的。

同样,如果市场涨得太欢了,投资者变得很躁,一定要顺着大势多赚一点,但同时也战战兢兢的:这不是最高点吧?这时候任何一件利空都是重大利空,因为它会引发市场的恐慌,它也像一根稻草,不过是压垮骆驼的最后一根稻草。

这时候即使再出现利好,一般也压不住恐慌,进一步引发市场继续上扬的机会不大。因为"狼来了"都喊过三遍了,假的也成了真的了。能通过认知碾压赚钱的人都在逃,被利好吸引来的人是带不动盘面上涨的,只是填上坑罢了,这时候很容易发生踩踏。

所以我们看股市从 3000 点涨到 4000 点可能需要两年,从 4000 点涨到 5000 点可能需要一年,从 5000 涨到 6000 点可能只需要三个月,但从 6000 点跌到 3000 点可能只需要一个月。这就是踩踏,慢一秒都逃不掉。

2007 年 10 月 16 日,股市曾经达到过 6124.04 点的高峰,然后就掉头下杀,一路再没回头(小的回调不算),到 2008 年 10 月 28 日,跌到了 1664.92 点。用时 1 年零 12 天。这期间股市跌得又狠又快,非常恐怖,很多人用了很多年都无法恢复元气。

```
        高收益
       /      \
      / "不可能三角" \
     /            \
   低风险 ———————— 高流动性
```

三者不可能同时存在！

　　股市里有一个奇怪的现象，叫认知失调。什么叫认知失调，大家都有常识，股市飙高时，新闻层面、私募渗透的信息都会有警示，大家都很忐忑，但很多人会一边忐忑，一边存着侥幸心理，想要试试运气。一旦投入股市，即使看到、听到利空，也会产生错误的解读，总觉得还会再涨一点，因为自己买了嘛。

　　生活中，如果某个人花高价买了某种产品，他自然会觉得这种产品性能极好，如果有人说产品不好，哪怕拿出来一定的数据，他也未必信。这就是认知失调，认知失调说到底是由人的贪嗔痴造成的，贪嗔痴会蒙蔽人的双眼，让人看不到真相、判断力下降，买在高位，卖在低位。

　　跌到一定程度，任何利好都会被过度解读、放大，这其实也是一种认知失调，不过这种认知失调对投资者是非常友好的，因为这种认知失调不是共识，没有因为流动性造成溢价，所以，投资者大可以利用起来。

如何在大跌的时候保持好的心态

在投资市场上，大涨或大跌都是正常的情况，但始终有很多人没有办法以平常心去对待。尤其是很多散户，每逢自己投资的股票或基金大幅度下跌的时候，总是会心态崩溃，然后做出很多不理性的操作，最终导致自身的财富受损。

对于普通的投资人来说，如何在股票大跌的时候保持良好心态，是一门必修课，但现实当中很少有人知道如何做到这一点。在我看来，要做到在股票大跌时依然可以保持良好心态，首先要完成两件事情。

1. 相信自己的未来财富会远胜现在

人的一生，通常是一个从低到高的发展曲线，和十年后的自己相比，现在我们所拥有的财富只是非常有限的一小部分。换句话说，随着人生阶梯的逐渐进阶，我们的财富会不断累加。即便现在我们出现了些失败或失误，只要我们能从中学习到一些东西，为未来更好地发展打下基础，那么就是值得的。

只要我们能够意识到今天所做的一切都是在为十年之后打基础，那么即便自己的股票下跌、财富受损，我们也能够淡然处之，不会出现心态上的问题。

2. 明白自己的股票为什么下跌

人们常说，恐惧往往来自不了解，人们对待自己的投资也是如此。因为我们不了解自己的股票为什么下跌，找不到原因，所以也无从下手去解决，自然会产生恐惧。当然，其实很多时候，我们也不知道自己的股票为什么上涨，但上涨带来的往往是喜悦的心情，足以掩盖未知带来的顾虑。当我们真正了解了自己股票下跌的原因，就可以清晰地判断未来有没有从熊市转为牛市的可能，决定后续需要通过什么操作去规避风险、提高收益。

举个例子，我们都知道2022年港股的走势不好，即便是美团这样的优秀企业，也一度遭遇了10%的大幅度下跌，恒生指数跌幅更是高达20%。很多人都看到了这个现象，心中恐慌、恐惧，做出了很多错误的判断和选择。

实际上，港股最大的问题本质上是出现了流动性枯竭。因为港股是一个国际市场，面向的都是国际范围内的投资人和投资机构，面向国内的沪港通、深港通的交易量其实相对有限。而国际上的投资人的投资理念和我们国内的投资理念不同，同时他们对于政策的解读也和我们有很大的差异，所以面对同样的局势，他们通常会做出和国内投资人不同的判断。

现阶段，随着国内外贸易分歧越来越严重，竞争程度越来越激烈。所以，在软银的孙正义退出投资之后，很多国际投资人也调整了方向。这也是为什么我们一直在强调现在不是抄底的好时机，因为其主要投资人也来自国际，在目前的大环境下，中概股和港股一样，短时间内都在调整。

从目前来看，一天的交易量只有几万港币的公司比比皆是。而交易量越少，意味着风险越高，人们自然越不愿意购买，这无形中使得港股面临流动性问题。

在此现状下，港股的流动性溢价也逐渐消失。所谓流动性溢价，简单理解就是从众心理带来的股票增值，原本某家公司的股票价值10元，但当有大量投资人购买的时候，人们对于股票的信心无形中提升了，股票价值也相应提高。购买的人越多，股票的流动性溢价也就越高。而随着港股面临流动性问题，很多企业流动性溢价的空间也就消失殆尽，自然而然会产生暴跌的情况。

明白了港股持续暴跌的原因之后，不难分析出应对的办法。想要解决流动性的问题，首先要恢复国际投资人的信心，而要做到这一点，政策的转向是必然的前提，实质性的举措也不可或缺。明白了这一点，我们剩下来需要做的就是耐心地等待。

人是典型的感性生物，面对突发的状况，心态总是容易出现问题，导致无法以理性的心态去面对问题、解决问题。很多投资人本身具备足够专业的眼光和出色的判断力，但一旦遇到问题，就容易因为恐慌而失了方寸，导致问题无法得到有效的解决。

但其实，如果我们以学习的心态去面对阶段性的失败，明确面对暴跌的状况应该如何去应对，做好了完全准备之后，即便下跌还在继续，我们的心态也不会出现问题。

永远思考赔率

如果你关注世界杯，那你可能经常听到"赔率"这个词。什么是赔率呢？简单说就是赚钱的可能性大，还是亏钱的可能性大。比如，博彩公司设置的西班牙赢阿根廷的赔率是1:3，阿根廷赢西班牙的赔率是1:1.3，这就说明阿根廷赢西班牙的概率更大。赢的概率越大，赔率就越小。

做投资理财、做任何一项生意都要考虑赔率，考虑赔率是降低风险的一种保障措施，它可以让你投资、做生意更安全。怎么理解呢？

假设市场上有5000只股票，能实现涨停的有50只股票，概率只有1%。这时候入场想要碰彩头，赔率就会非常高。对投资小白来说，只凭运气，几乎很难赚到钱。所以不要因为听身边有人说一个涨停可以让自己的财富翻倍多少就入场。

你得先思考赔率，简单的赔率公式就是赔率=1/获胜概率（博彩公司一般会设计一个抽成比例，赔率计算会复杂一些），赚钱概率只有1%，赔率就是100∶1，你还敢投吗？

我们经常在新闻上听到哪里又有谁买彩票中了几千万元、几百万元，但如果你去彩票站调研一下，就会发现很多彩票站卖了几十年彩票，中奖的用户可能一只手的手指都数得过来，而且金额都非常小。

很多人计算过一些彩票品种的中奖概率，大致是这样的：中大乐透概率仅为2142万分之一；双色球中头奖概率是1772万分之一；美国的兆彩头奖的中奖概率更夸张，是1.75亿分之一。猴子捞月还有个小猴子抬头看到天上月亮的机会呢，买这个彩票想要中奖基本等于在当代找一只活恐龙。所以想要通过买彩票发财的，基本都是空想。

再如，一个投资小白在股市跌穿3000点时进入市场投资，在正常情况下，他赚钱的概率会大一些，因为基于常识（回看历史），A股不可能会一直在3000点以下徘徊，它一定会高出3000点。哪怕他进场后股市跌到了2600点，也还是有机会反弹。懂得赔率，这时候就不要割掉股票，耐心等待。但相反，如果股市已经到了 6000 点，这时候赔率就会非常高。当然这里没有具体到个股，只是从市场整体行情来说的。如果具体分析个股，赔率的计算会更复杂一些。

2022 年股市情绪特别悲观，很多人被套牢，很想要逃离，我在直播间就讲了"赔率"的概念。当所有人都觉得特别悲观时，这时候股市很可能就要见底了，遇到一个利好，就会修复反弹。果然到年底最后一个月，很多人都实现了正收益。基金市场表现得也很夸张，张坤管理的几只基金短时间内涨幅达到 40%。所以，如果股市反弹是一个大概率事件，最好不要卖。

很多人给投资小白的建议，都是投指数基金或者主动型公募基金，就是因为这种金融品种赔率会很低，风险小，当然，收益也少。相反，一些风险极高的金融品种，赔率就会很高，因为大概率会遭遇亏损。

从赚钱的概率来说，在市场悲观了许久，股市资金逐渐流向银行和消费市场等周期见底的迹象出现后，投资小白入场投基金，赔率是非常低的，赚钱是大概率事件。如果遇上大牛市，财富翻倍也是有可能的。

从赔率的角度来说，很多高风险金融产品赔率高，但收益也高。在低点位，很多激进的投资者就会愿意选择这种产品，他承担了较高的风险，一旦赚钱，他的财富却会翻几倍、几十倍甚至更高。但能实现高额赚钱的，通常都是股市投资能力较强、平时做的功课很多、关键时刻敢于果断反向投资的人。

总之，你得有勇有谋，才能富贵险中求。否则，你就赚个安稳钱，踏实自在，也挺好。

投资是对世界多个
维度认知的总合。

希望通过一个公式挣钱,
透露出对资本市场的不尊重,
甚至透露出
对这个世界的迷茫和无知。

© 民主与建设出版社，2023

图书在版编目（CIP）数据

财富池 / 吕晓彤著. -- 北京：民主与建设出版社，2023.5
　ISBN 978-7-5139-4200-3

　Ⅰ.①财… Ⅱ.①吕… Ⅲ.①投资—通俗读物 Ⅳ.①F830.59-49

中国国家版本馆CIP数据核字（2023）第088649号

财富池
CAIFU CHI

著　　者	吕晓彤
责任编辑	刘　芳
封面设计	SUA DESIGN
出版发行	民主与建设出版社有限责任公司
电　　话	（010）59417747　59419778
社　　址	北京市海淀区西三环中路10号望海楼E座7层
邮　　编	100142
印　　刷	河北鹏润印刷有限公司
版　　次	2023年5月第1版
印　　次	2023年6月第1次印刷
开　　本	880mm×1230mm　1/32
印　　张	9.625
字　　数	168千字
书　　号	ISBN 978-7-5139-4200-3
定　　价	68.00元

注：如有印、装质量问题，请与出版社联系。